AF275859

Pepo Márquez

ANTINEUTRAL

Música y economía moral
en la era del turbocapitalismo

LIB
URU
AK

Desde el río hasta el mar, Palestina será libre.

Índice

Intro

El proceso de financiarización que vive la música en directo —en especial los macrofestivales y los conciertos multitudinarios—, debería ser la señal de alarma definitiva para todas las personas que formamos parte de la industria, porque sus efectos son devastadores y tienen un impacto inmediato en todos los niveles de la cadena de valor: generando desigualdad, penalizando la sostenibilidad ambiental y social y minimizando los beneficios culturales, simbólicos y emocionales en favor de los beneficios empresariales. No reconocer esta realidad es inexcusable, del mismo modo que lo sería ignorar que la precariedad económica y laboral es el motivo que lleva a numerosas bandas y solistas —incluso en casos de artistas que siempre han mantenido un rocoso posicionamiento ideológico de izquierdas— a no cancelar sus actuaciones en eventos de Superstruct Entertainment, la compañía organizadora de más de 85 festivales en todo el mundo (entre los que están el Sónar de Barcelona, el Viña Rock, el Resurrection Fest de Galicia o el Field Day de Londres), que fue adquirida por el fondo de inversión estadounidense KKR (acrónimo de Kohlberg Kravis Roberts & Co.). Este ente financiero posee o tiene participación en empresas que desarrollan tecnología utilizada por el Ejército israelí en el genocidio que, mientras se escriben estas líneas, está cometiendo contra la población de Gaza con la connivencia de la mayoría de los gobiernos occidentales. También participa en empresas vinculadas a las actividades ilegales que históricamente ha llevado a cabo el Estado de Israel sin que ninguna autoridad supranacional le ponga freno: construcción y expansión de asentamientos en territorios ocupados de Cisjordania, anexión de Jerusalén Este y los Altos del Golán, uso desproporcionado de la fuerza contra la población civil, política de *apartheid* y discriminación sistemática de la población palestina o el bloqueo humanitario para las más de 2 millones de personas que vivían en Gaza antes de octubre de 2023.

El propósito de este ensayo es entender cómo hemos llegado a esta coyuntura, reconocer a los diferentes actores implicados y señalar posibles alternativas. Si supiera cómo resolver la situación, dedicaría todo mi talento a este fin. Si alguna página sirve de inspiración para proyectar y poner en marcha ideas que no he sido capaz de imaginar durante la elaboración del libro que tienes entre las manos, consideraré que el esfuerzo ha merecido la pena. Soy consciente del laberinto de espejos en el que se encuentra atrapada la mayoría de artistas, tanto como de la perversidad del juego cuidadosamente diseñado para no poder salir de él. Un dédalo que se ha ido construyendo ante nuestros ojos y que no supimos reconocer a tiempo: de las raves en mitad de la campiña inglesa al lucrativo engranaje de Ministry of Sound; del 924 de Gilman St. a la fantasía *influencer* del Coachella de Palm Springs; de los conciertos en *gaztetxes* de Euskadi a las zonas VIP del MadCool madrileño.

Este texto está lleno de rabia, pero también de esperanza. Creo que estamos ante una oportunidad inaplazable para transformar las estructuras actuales y, a pesar de que ya formamos parte del problema, todavía podemos ser parte de la solución. Mientras nos organizamos, hagamos por no convertir este asunto en un nuevo ruido blanco que acabe siendo aceptado como inevitable por la industria; igual que ha sucedido con Spotify y su injusto reparto de royalties, con el acoso sexual y el abuso de poder de hombres que disfrutan de posiciones de privilegio dentro de este negocio, o con el truco de los precios dinámicos de las entradas de los macroconciertos con exceso de demanda.

> *It has to start somewhere, it has to start sometime*
> *What better place than here? What better time than now?*[1]
>
> *'Guerrilla Radio'* (Rage Against The Machine)

---

1 Tiene que empezar en algún sitio, tiene que empezar en algún momento. / ¿Qué mejor lugar que aquí? ¿Qué mejor momento que ahora?

Estamos aquí

El colapso

El pasado sábado 2 de agosto de 2025, unos días antes de entregar el borrador de *ANTINEUTRAL*, leí por casualidad un artículo que Damian Carrington, redactor jefe de *Medioambiente The Guardian*, publicó en el conocido periódico británico. La pieza llevaba por título «'Self-termination is most likely': The history and future of societal collapse» (La autodestrucción es lo más probable: Historia y futuro del colapso de las sociedades), y en ella analizaba el último trabajo del investigador Luke Kemp, *Goliath's Curse: The History and Future of Societal Collapse* (2025), en el que explora las causas históricas del hundimiento de más de 400 sociedades a lo largo de cinco milenios para advertir sobre los riesgos que enfrenta la civilización actual. Kemp utiliza el concepto de *Goliaths* para describir sistemas sociales gigantescos caracterizados por una fuerte concentración de poder, recursos y decisiones en élites reducidas. Estas estructuras, en apariencia poderosas, resultan extremadamente frágiles: se hunden no por fuerzas externas, sino por su propia rigidez, desigualdad e ineptitud de liderazgo. Casi sin querer, conecté el contenido del artículo con el de este ensayo: ¿y si todo lo que está sucediendo en la industria de la música se explicara también de esta forma?

El autor sostiene que hoy vivimos en el primer «Goliath global», un sistema general interconectado que repite los mismos patrones de acumulación y vulnerabilidad que las civilizaciones anteriores. Los principales riesgos que identifica son el cambio climático, las armas nucleares, el mal uso de la inteligencia artificial y la automatización militar (incluidos sistemas autónomos de armas[2]). Según Kemp, el mayor peligro no son tanto los recursos limitados como la combinación de élites altamente concentradas y motivadas por el narcisismo, la psicopatía y el maquiavelismo, incapaces de actuar colectivamente en favor del bien común. Unos rasgos que, sin duda, comparten muchas de las personas que, a lo largo de mi carrera profesional, he conocido dentro de la industria de la música.

La idea central del artículo es que la autodestrucción es la hipótesis más probable: al igual que las

2 Los sistemas autónomos de armas (también conocidos como LAWS, por sus siglas en inglés: *Lethal Autonomous Weapon Systems*) son dispositivos militares que pueden seleccionar y atacar objetivos sin intervención humana directa en el momento del uso. Se basan en tecnologías de inteligencia artificial, sensores y procesamiento autónomo, lo que les permite identificar amenazas, tomar decisiones y llevar a cabo acciones letales de forma independiente. Organizaciones como Human Rights Watch y la ONU advierten que podrían violar el derecho internacional humanitario al no poder distinguir con seguridad entre combatientes y civiles. Además, estos sistemas han dado pie a otro debate: ¿quién es responsable si una de estas máquinas comete un crimen de guerra?

civilizaciones históricas, la globalización contemporánea podría sucumbir a su propio peso si no se reforma su arquitectura política y económica. Para evitarlo, Kemp propone medidas radicales: asambleas ciudadanas globales, limitación de la riqueza y del poder concentrado y el fortalecimiento de mecanismos democráticos que fomenten decisiones éticas de largo plazo. Reconoce que estas medidas pueden parecer idealistas y que el fracaso es una posibilidad real, pero defiende que responder a la magnitud del problema con ambición moral es la única alternativa frente a la inercia autodestructiva.

El análisis concluye que la historia de los colapsos pasados no es una profecía inevitable, sino una advertencia: la estructura jerárquica y desigual del "Goliat global" actual reproduce los mismos errores de las civilizaciones caídas, pero a escala planetaria y con consecuencias potencialmente irreversibles.

Hablemos de lo que hablemos —de la industria alimentaria, de los sistemas democráticos neoliberales, del turbocapitalismo o de las plataformas digitales de *streaming*—, la sensación es siempre la misma: la de estar llegando a un fin de ciclo sin un plan alternativo al que agarrarnos. Por supuesto, la tentación de ver el mundo arder siempre está ahí, y la realidad no está poniendo de su parte para que desestimemos esa idea. Pero, si queremos una industria musical más digna y justa —donde

el público no caiga en las garras del *FOMO*[3], que tantos
beneficios está reportando a las promotoras, y donde las
y los artistas no se vean en la obligación de participar
en eventos conectados con un genocidio en curso para
poder ganarse la vida—, debemos encarar el asunto con
una visión tan radical como pragmática; tan creativa
como responsable.

Canciones para avivar la llama del descontento[4]

Cae la tarde en alguno de los cientos de festivales que
tienen lugar en Europa durante la temporada de verano. Refused —el grupo sueco de hardcore-punk que,

---

3 Del inglés *Fear Of Missing Out* (miedo a perderse algo).

4 *Songs to Fan the Flames of Discontent* es el título de un recopi-
latorio de canciones sindicales publicado por la organización
obrera estadounidense Industrial Workers of the World (IWW)
en 1909 como parte de su *Little Red Songbook,* una antología
utilizada para movilizar y unir a los trabajadores en huelgas y
actos reivindicativos. También es el título del segundo disco de
Refused, editado en 1996.

gracias a su disco *The Shape of Punk to Come* (Burning Heart, 1998), consiguió que miles de adolescentes tuvieran su primer contacto con las ideas situacionistas de Guy Debord— lleva media hora sobre el escenario. Como de costumbre, Dennis Lyxzén, cantante y líder de la banda, aprovecha un par de momentos para transmitir soflamas revolucionarias adaptadas al tiempo actual, desafiando a un público que premia cada intervención con el puño en alto y gritos de aprobación no vinculante. La gran mayoría son tipos de mediana edad cuyas vidas no parecen haber entrado nunca en contacto con las estrategias anarquistas de acción directa. Tonos pastel para una música explosiva: la evidencia de que cualquier discurso disidente se disuelve al entrar en el juego del turbocapitalismo. Empieza a sonar la intro inconfundible de «Rather Be Dead», una de sus canciones más esperadas que, curiosamente, pertenece al trabajo anterior, *Songs to Fan the Flames of Discontent* (Startrec, 1996). En su letra no hay espacio para metáforas: «*Rather be dead than alive by your oppression. / Rather be dead than alive by your design. / [...] Rather be dead than alive by your social values. / Rather be dead than alive by your tradition*»[5]. La gente reacciona con energía, ajena a cualquier debate simbólico, tal y como

---

5   Antes muerto que vivo bajo tu opresión. / Antes muerto que vivo según tu diseño. / [...] Antes muerto que vivo bajo tus valores sociales. / Antes muerto que vivo según tu tradición.

viene haciendo desde que Lyxzén volviera a reunir a Refused en 2012 para disfrutar del éxito musical y económico que la historia les negó cuando les correspondía. Según la publicidad en redes sociales, esta será su última gira antes de separarse para siempre —*Refused are f**king dead (and this time we really mean it)*[6]—. Con un gesto coreografiado dan la canción por concluida, mientras Dennis mira el bosque de brazos con cara de satisfacción antes de pasar a otra cosa.

La presencia de los suecos en el escenario sigue chocando porque hace meses que se conoce la relación entre este festival y KKR. En otro tiempo, este dato hubiera bastado para que la banda de Umeå cancelara su participación y se pusiera en primera línea de combate después de llamar al boicot de todos los eventos de Superstruct. Y, para ser justos, sí que hubo un comunicado, pero no en el sentido que todo el mundo esperaba:

Hace una semana supimos que algunos de los festivales en los que tocaremos este verano están financiados por un conglomerado de entretenimiento llamado Superstruct, en el que participa como copropietario un actor nefasto: KKR. Esta firma invierte en ciberseguridad israelí, entre otras cosas bastante cuestionables. Nuestra primera reacción fue la de abandonar inmediatamente, boicotear. Comunicamos esta decisión a los festivales y los organizadores nos respondieron diciendo que compartían nuestros

---

6   Refused están p*to muertos (y esta vez va en serio).

valores y sentían lo mismo que nosotros; que amaban lo que hacían y estaban orgullosos de los festivales que habían construido. Nos dijeron que la mayoría de su público probablemente simpatizaba con nuestra postura y que les destrozaba saber que una empresa como KKR se hubiera involucrado en Superstruct después de que ellos ya hubieran empezado a trabajar con la compañía, manchando así su proyecto de vida. Uno de ellos, además, cuestionó algunas de nuestras otras asociaciones (fue atrevido, pero tenía razón): nos recordó que en otros festivales o conciertos que hacemos está implicada Live Nation, una empresa detrás de la cual está BlackRock, una multinacional con fuertes inversiones en la industria armamentística. También mencionó que nuestra música está en Spotify, que donó dinero a la investidura de Donald Trump y que invierte en inteligencia artificial militar.

En resumen, nos enfrentamos a la escoria de la Tierra.

Algunos de estos festivales, sin embargo, nos dijeron que querían que hiciéramos ruido en favor de la causa palestina. Uno incluso nos ofreció una suma importante de dinero para donarlo a organizaciones propalestinas. Así que el dilema fue el siguiente: boicotear estos festivales nos haría sentir bien con nosotros mismos; la reputación del grupo no se vería comprometida por vínculos con empresas repugnantes. Sería una elección cómoda.

Lo hemos pensado detenidamente y, aunque hay argumentos sólidos para rechazar la entrada de KKR y de los fondos de inversión amorales en el mundo del arte —porque es una postura segura y no demasiado controvertida—, sería ingenuo pensar que nuestro boicot siquiera les afectaría. Más bien al contrario: si personas

como esas supieran lo que decimos en el escenario, pre-
ferirían que nos quedáramos en casa. Y con los cuerpos
carbonizados de palestinos apilándose en lo que hoy es
un campo de concentración y cementerio llamado Gaza,
hemos decidido hacer ruido, encontrarnos con nuestra
gente, celebrar la resistencia y recaudar fondos para la
causa palestina este verano. Creemos que es lo correcto:
salir ahí fuera y convertirnos en una molestia para sionis-
tas, fascistas, fondos de capital riesgo, y avivar las llamas
del descontento junto a nuestras compañeras y compañe-
ros lúcidos y comprometidos en toda Europa.

Muchos de vosotros ya habéis comprado entradas y nos
estáis esperando. Por eso nos encantaría recibir sugerencias
de organizaciones locales y activistas con quienes colabo-
rar en cada uno de los países y ciudades donde actuemos.

¡Viva Palestina libre!

El *efecto mariposa* hace mucho que dejó de ser un
recurso poético. En una realidad hiperconectada, cualquier acción que llevemos a cabo tiene consecuencias y,
para nuestra desgracia, la mayoría de estas hacen aún
más rico al 1 % de la población, contribuyen a agudizar
la crisis medioambiental o acaban con la vida de personas pobres a miles de kilómetros de nosotros. Nuestro
modo de vida lleva años siendo, a corto plazo, una condena para la mitad más pobre del mundo y, a la larga,
una condena también para nuestra sociedad. Aceptar
esto sin aspavientos es urgente y también necesario
para cambiar nuestra manera de relacionarnos con el

mundo. En un margen de apenas 30 años hemos pasado de cantar hasta la afonía «Teenage Riot» de Sonic Youth frente a un escenario sin patrocinadores a convertirnos en cómplices del Estado de Israel por la vía del consumo. Por supuesto, no es el único callejón sin salida al que nos ha llevado un sistema que ha demostrado poseer altas capacidades de adaptación, pero es uno de los más siniestros, porque vincula la música y el ocio con un genocidio en curso. Como parte de la industria del espectáculo, debemos enfrentarnos a una realidad que no admite equidistancia. Agazaparse en el escondite de las excusas no nos exime de nuestra responsabilidad.

Es necesario matizar que esto no siempre fue así. Que, durante muchos años, actuar o acudir de público a un festival no te convertía en pieza necesaria de una superestructura económica extractivista. Es cierto que no estabas dando tu dinero a la gente más honrada de la ciudad, pero tampoco estabas contribuyendo a la violación del derecho internacional. En cualquier caso, irte lejos de casa durante un fin de semana para ver a tus bandas favoritas junto a un puñado de miles de personas muy parecidas a ti no era algo que hiciera mucha gente. De hecho, desde mitad de los años noventa hasta principios de los dos mil no lo hacía casi nadie. La edad de la inocencia de los festivales terminó en 2017, cuando una parte significativa del negocio de la música pasó a ser propiedad de empresas que nada tienen que ver con ella, y para las que nuestro pasatiempo favorito no es más que un activo financiero. Los nuevos dueños de la música han puesto en marcha vehículos de inversión que no operan bajo la lógica cultural que guiaba las decisiones del sector en el pasado, sino que orientan su actividad hacia la obtención de una alta rentabilidad. Estos mismos dueños poseen a su vez otras inversiones relevantes en sectores como el de las telecomunicaciones, la vivienda, la salud o la ciberseguridad. El peligro de naturalizar la participación de estos fondos en la industria musical amparándose en su legalidad juega siempre a su favor. Cualquiera que haya tenido un encontronazo, ya sea leve o grave, con la Justicia sabe que lo legal, con alarmante frecuencia, no coincide con lo justo ni con lo conveniente.

Pero el interés del gran capital[7] por lo artístico no opera exclusivamente en la música. En las últimas décadas, el arte ha ido perdiendo su aura misteriosa para convertirse en una clase de activo financiero a gran

---

7 El concepto de gran capital surge en el siglo XIX en el marco del pensamiento marxista y otras corrientes críticas del capitalismo, y se refiere a la concentración del poder económico y financiero en manos de grandes corporaciones, bancos y élites inversoras. Este término ha sido utilizado para señalar cómo dichos actores influyen estructuralmente en los mercados, las políticas públicas y la organización social, a menudo en detrimento del pequeño capital y las clases trabajadoras. Su uso persiste en análisis contemporáneos sobre desigualdad, especulación y poder corporativo global.

escala. Los mecanismos de inversión que desembarcaron en el mercado cultural permiten a individuos e instituciones canalizar recursos hacia obras y porfolios de valor apreciable[8], generando retornos, diversificación y acceso simbólico. La transformación ha sido tan rápida y tan grosera que es imposible pensar que no se está actuando de acuerdo a un plan.

En 2001, Phillip Hoffman, experto británico en arte contemporáneo que trabajó durante 12 años para la célebre casa de subastas Christie's, fundó en Londres The Fine Art Fund Group. Este fue el primer fondo de inversión dedicado al arte que se conoce, el kilómetro cero del que parten todas las iniciativas creadas después. The Fine Art Fund Group fue ideado con una estructura similar a la de los fondos de capital privado: plazos de 5 a 10 años, inversión institucional, gestión profesional y expectativa de revalorización. Este modelo tradicional sigue impulsando el funcionamiento del arte como categoría de inversión.

En 2013, el Artist Pension Trust —un fondo de pensiones para artistas fundado en 2004 por el emprendedor Moti Shniberg—, fue pionero en transformar el arte contemporáneo en un programa de inversión colectiva.

---

8 En un contexto financiero, valor apreciable se refiere a un activo cuyo valor tiende a aumentar con el tiempo. Es decir, se espera que dicho bien o inversión se revalorice, generando beneficios para quien lo posea o invierta en él.

Reunió más de 40 000 obras de 2000 artistas de 75 países, con un valor estimado en más de 100 millones de dólares. Las obras se vendían a plazos durante 20 años, y el neto de la venta se distribuía de la siguiente manera: 72 % a las creadoras y creadores (40 % a la autora/autor individual, 32 % al fondo común) y el 28 % restante para costos operativos. Pese a las buenas intenciones, algunos informes de 2021 desvelaron que buena parte de las y los artistas no alcanzaron los objetivos previstos, evidenciando los riesgos estructurales de financiarización.

En 2017, Scott Lynn puso en marcha una idea basada en la democratización fraccional del arte: fundó Masterworks Advisers LLC, un vehículo de inversión que compra obras de artistas célebres como Monet, Andy Warhol o Banksy, y las transforma en acciones asequibles para el público general. En 2021 recaudó 110 millones de dólares para desarrollar su modelo y superó la valoración de 1000 millones de dólares antes de cerrar el año. En 2024 la plataforma contaba con más de 800 000 miembros y 900 millones de dólares en activos gestionados, aunque, según informes filtrados, apenas el 5 % de los usuarios registrados han efectuado alguna inversión.

En Europa también existen iniciativas financieras relacionadas con el arte, algunas como Arte Collectum, de inversión interseccional: una estrategia que integra criterios de justicia social, equidad e inclusión a la hora de decidir dónde y en qué invertir, teniendo en cuenta intersecciones de opresión como género, raza, clase, orientación sexual o procedencia geográfica. Con base en Estocolmo y lanzado en 2022, Arte Collectum recaudó 20 millones de euros para adquirir 46 obras de autoras como Olga de Amaral, Howardena Pindell, Wook-kyung Choi o Michael (Corinne) West.

El coleccionismo corporativo también ha encontrado en el modelo de fondos de inversión una manera de diversificar su porfolio y mejorar su imagen. Esta intención está cargada de significado. Los bancos —con una responsabilidad probada en las últimas grandes crisis financieras (2008, no olvidemos) por especular con activos tóxicos para luego ser rescatados con dinero público mientras millones de personas en todo el mundo perdían sus trabajos, sus ahorros y sus viviendas, que, en un giro irónico inaceptable, pasaban a ser propiedad de esos mismos bancos por existir una obligación hipotecaria pendiente— utilizan la inversión en el arte como un método eficiente de *artwashing*[9]. Aunque no son estrictamente vehículos de retorno financiero, sirven

---

9 El *artwashing* (blanqueo mediante el arte) es una estrategia por la cual empresas, instituciones o gobiernos utilizan el arte y la cultura para mejorar su imagen pública, desviar críticas o legitimar prácticas cuestionables —como la gentrificación, el extractivismo económico o la vulneración de derechos—. Es una forma de "lavado reputacional" que instrumentaliza la cultura como herramienta simbólica de poder.

para reflejar la importancia estratégica del arte en el contexto bancario. Algunos de estos bancos, en los últimos años, han saltado del mercado de obras de arte a la industria de la música en directo mediante patrocinios puntuales o acuerdos a más largo plazo con festivales españoles.

Es evidente que el arte ha dejado de ser terreno exclusivo para coleccionistas adinerados, del mismo modo que la música ha dejado de ser la esquina más oscura de la sociedad, el lugar de reunión de las personalidades más esquivas, excéntricas y volátiles. Hoy existen numerosos vehículos de inversión que securitizan[10] obras, diversifican riesgos y combinan la retórica cultural con objetivos de rentabilidad, constatando que el arte se ha reconfigurado como una clase de activo integrado en el sistema financiero global, planteando cuestiones esenciales en el análisis sociológico y cultural del fenómeno: ¿dónde termina el valor cultural y empieza la lógica del capital? ¿Cómo afecta esta financiarización a la creación, a la autonomía del colectivo de artistas y al público?

---

10 En un contexto financiero, *securitizar* significa convertir activos financieros de difícil negociación en títulos negociables que pueden venderse en los mercados financieros. Es una técnica utilizada principalmente por bancos y entidades financieras para obtener liquidez inmediata y transferir riesgos.

[...]
Porque vivimos a golpes, porque apenas si nos dejan
decir que somos quien somos,
nuestros cantares no pueden ser sin pecado un ador-
no.
Estamos tocando el fondo.

Maldigo la poesía concebida como un lujo
cultural por los neutrales
que, lavándose las manos, se desentienden y evaden.
Maldigo la poesía de quien no toma partido hasta
mancharse.

Hago mías las faltas. Siento en mí a cuantos sufren
y canto respirando.
Canto, y canto, y cantando más allá de mis penas
personales, me ensancho.
[...]

Extracto de «La poesía es un arma
cargada de futuro»
(*Cantos íberos*, 1955) de Gabriel Celaya

La cultura no es neutral, nunca lo ha sido; tampoco es estática. La cultura es un contenedor en constante transformación donde no se expresa únicamente la creatividad individual, sino que se libran disputas por el sentido, se reproducen las jerarquías sociales y se configuran las diversas formas de poder, dominación o resistencia. El *boom* del consumo de eventos culturales —festivales, macroconciertos o exposiciones cada vez más espectaculares— que se consolidó a principios de este siglo no vive exento de implicaciones políticas: la instrumentalización institucional es patente en ciudades como Barcelona, Bilbao o Málaga, donde festivales como Primavera Sound, Sónar o Bilbao BBK Live se integran en estrategias de marca-ciudad y promoción internacional. En paralelo, esta expansión ha consolidado una dependencia de modelos de financiación público-privada, como muestran casos como el Festival de San Sebastián o los macrofestivales de Superstruct (FIB de Benicàssim, Arenal Sound en Burriana, también en Castellón, o el Resurrection Fest de Galicia), en los que el uso de recursos públicos en proyectos de gestión privada genera un debate recurrente sobre la orientación de las políticas culturales. La concentración de eventos ha supuesto también una reconfiguración del espacio urbano, produciendo tensiones vecinales y procesos de gentrificación, tal como se ha visto en los barrios próximos al Parc del Fòrum en Barcelona durante el Primavera Sound o en los diferentes emplazamientos que ha tenido el Mad Cool madrileño desde su fundación, sin olvidar cómo la reordenación de prioridades a la hora de invertir recursos públicos en eventos de alto impacto mediático, en detrimento de la cultura de base y comunitaria, favoreciendo procesos de gentrificación y turistificación cultural y generando tensiones entre intereses económicos y derechos

ciudadanos. Además, estos festivales se han consolidado como plataformas de *soft power*[11], donde la cultura
se convierte en escaparate diplomático y tecnológico,
igual que ocurre con Sónar+D o con la utilización del
arte y la música en eventos globales —como se pudo ver
en las ceremonias de apertura y clausura de los Juegos
Olímpicos de Londres de 2012, con actuaciones tele-
visadas para todo el planeta de Arctic Monkeys, Mike
Oldfield o The Spice Girls, que volvieron a cantar juntas
después de años sin hacerlo—. Al mismo tiempo, la concentración del negocio cultural en manos de grandes
fondos ha originado conflictos éticos y movimientos de
boicot y resistencia por parte de un sector del público y
algunas asociaciones antisionistas, y cancelaciones de
artistas como Residente, Arca o Juliana Huxtable en festivales propiedad de Superstruct. Por último, actuaciones como las de Bob Vylan y Kneecap en Glastonbury
2025, o las pintadas críticas a puertas de festivales en
todo el mundo, ponen de manifiesto que estos eventos
son espacios donde se disputan no solo contenidos, sino

---

11 El poder blando o poder suave es la habilidad de un Estado para
persuadir a otros países evitando el uso de la fuerza o la coerción, valiéndose de medios más sutiles, como su cultura, su modelo social o sus valores políticos. Este término fue creado en la
década de los noventa por Joseph Nye, geopolitólogo estadounidense de la Universidad de Harvard, en su libro *Bound to lead:
The changing nature of American Power* (1990), y se ha convertido en un concepto muy utilizado para analizar las relaciones
internacionales.

también los marcos morales de la producción y el consumo cultural en la actualidad.

Los trabajos de Pierre Bourdieu, Stuart Hall o Raymond Williams —a partir de la segunda mitad del siglo pasado— y de Angela McRobbie, Beverly Skeggs, Sara Ahmed o Nancy Fraser —en la actualidad— han aportado herramientas fundamentales para aproximarse a la cultura en estos términos. El ensayo titulado *Culture and Society* (1958) marcó un antes y un después en la reflexión sobre el concepto moderno de cultura. En él, Raymond Williams, crítico galés y figura clave en los estudios culturales, demuestra que la cultura no nace como un elogio estético, sino como una reacción crítica frente al avance del industrialismo y el capitalismo temprano. Para Williams la cultura no es un ornamento ni un refugio: es un campo de conflicto. Allí donde se impone una norma, también germina la posibilidad de refutarla.

«The development of the idea of culture is a record of a reaction to a new kind of society: industrial, capitalist, increasingly urban and secular».[12] (R. Williams, *Culture and Society*, 1958).

Según Williams, el concepto de cultura fue articulado históricamente como una respuesta frente a los efectos disgregadores de la sociedad industrial: la

---

12 El desarrollo de la idea de cultura es un registro de la reacción frente a un nuevo tipo de sociedad: industrial, capitalista, cada vez más urbana y secular.

fragmentación del tejido social, la mecanización de la vida cotidiana y la imposición de una lógica utilitarista sobre las relaciones humanas. Lo cultural como crítica al modelo de progreso entendido exclusivamente en términos de desarrollo material. Una de las contribuciones más significativas de *Culture and Society*, en contraste con enfoques más elitistas o restringidos, reside en su defensa de una concepción amplia e inclusiva de la cultura: no como patrimonio de las élites, sino como expresión de formas de vida colectivas, de prácticas ordinarias y de sistemas de valor compartidos socialmente. Este enfoque sentará las bases de lo que más adelante se denominará *estudios culturales*, defendiendo una visión materialista, histórica y crítica de la cultura, estrechamente vinculada a los procesos de transformación económica y social.

«*Culture is ordinary: that is the first fact. Every human society has its own shape, its own purposes, its own meanings*»[13] (de R. Williams, *Culture and Society*, 1958).

Por su parte, el teórico cultural y sociólogo jamaicano Stuart Hall afirmó, mediante su influyente teoría de la articulación, que los productos culturales operan como escenarios de conflicto simbólico. En ellos,

---

13 La cultura es algo ordinario: ese es el primer hecho. Toda sociedad humana tiene su propia forma, sus propios fines, sus propios significados.

los discursos hegemónicos buscan fijar significados dominantes, aunque siempre persisten márgenes para la reapropiación y la resignificación desde lo que el pensamiento poscolonial denomina *posiciones subalternas*: sujetos o colectivos situados en condiciones de exclusión, marginalidad o subordinación dentro de una estructura de poder. La escritora y activista social afroamericana bell hooks (en minúsculas por decisión de la propia autora para destacar las ideas por encima de la autoría, nacida con el nombre de Gloria Jean Watkins) es una de las intelectuales que amplía el trabajo de Hall en su libro *Outlaw Culture* (1994), donde analiza cómo los medios perpetúan la opresión racial y de género, y en el que propone un enfoque descolonizador de la crítica cultural. En España, artistas como Ms Nina, La Zowi o Nathy Peluso —nacida en Argentina, pero cuya carrera comenzó en Torrevieja (Alicante)— se mueven en el terreno de la reapropiación simbólica: utilizan estéticas, códigos y discursos marginales, como el reguetón o el trap, para disputar narrativas dominantes sobre clase, género y raza. Otro ejemplo es el de Santa Salut, rapera catalana que denuncia en sus letras la violencia de género, el racismo institucional y la desigualdad social, y que se presenta desde una posición periférica con una clara carga política. De manera similar, artistas como Rocío Márquez, Jero de los Santos, o colectivos como Ververipen —que significa 'diversidad' en lengua romaní y que se autodefinen en redes sociales como «organización MariTransBollo romaní, *queer*, antifascista y transinclusiva»— están resignificando la identidad gitana en el espacio cultural, alejándose de los estereotipos folclorizados para proponer narrativas complejas, conscientes del racismo antigitano y con fuerte contenido político. Esta resignificación entra en conflicto con la narrativa hegemónica de lo "andaluz" o lo "español".

A partir de los años sesenta del siglo XX, el sociólogo francés Pierre Bourdieu estudió el papel que desempeñan los *habitus* y los capitales culturales en la reproducción de las desigualdades sociales, operando bajo la apariencia de neutralidad, mérito individual o lo que suele denominarse "buen gusto". El concepto de *habitus*, acuñado por el propio Bourdieu, hace referencia al conjunto de normas internalizadas y no conscientes que orientan la percepción, el juicio y la acción, y que permiten a los individuos interpretar el mundo y ubicarse en él de una manera que refleja sus condiciones sociales de origen. Por su parte, el capital cultural —ya sea en forma de títulos académicos (capital institucionalizado), saberes legítimos interiorizados (capital incorporado) o acceso a bienes simbólicos prestigiosos (capital objetivado)— actúa como un marcador de clase que, lejos de ser imparcial, establece un límite simbólico entre quienes poseen el poder cultural y quienes son excluidos de su ejercicio. En España, preparar oposiciones a ciertos cuerpos del Estado —como judicatura, notaría o inspección de hacienda— requiere no solo dedicación y tiempo, sino también capital cultural acumulado. Quienes provienen de familias con alto nivel educativo y adquisitivo suelen contar con bibliotecas en casa (capital objetivado), familiaridad con el lenguaje jurídico o administrativo (capital incorporado) y títulos universitarios de prestigio (capital institucionalizado). Además, en muchos casos tienen redes familiares y sociales que les orientan en el proceso y les sirven de apoyo, cuando no de puerta de entrada. Por el contrario, una persona de clase trabajadora, aunque tenga talento y motivación, puede enfrentarse a barreras invisibles: menor familiaridad con los códigos lingüísticos académicos, falta de acceso a materiales o academias de calidad, o la necesidad de incorporarse cuanto antes al mercado laboral. De esta forma, el capital cultural actúa como una frontera simbólica, favoreciendo a quienes ya están integrados en espacios de poder y excluyendo —sin necesidad de violencia explícita— a quienes no han sido socializados en esos códigos, demostrando que el capital cultural no es neutral, sino que reproduce la desigualdad de clase bajo la apariencia de mérito.

Esta misma lógica puede observarse también en el contexto de la música clásica (conservatorios, orquestas, concursos), donde el capital cultural marca diferencias notables desde la infancia. Los niños y niñas de familias con formación académica o tradición musical suelen estar expuestos a edades muy tempranas a conciertos, instrumentos de calidad, clases particulares y referencias culturales consideradas "legítimas". Este entorno fomenta el desarrollo de un oído educado, un lenguaje técnico fluido y una familiaridad con los códigos estéticos apreciados en los círculos musicales formales (capital incorporado y objetivado). Además, muchos acceden con facilidad a títulos oficiales y a redes institucionales del sector (capital institucionalizado). Sin embargo, jóvenes de entornos populares con evidente talento para la música, pueden verse limitados por la falta de acceso a instrumentos, clases, o incluso por no sentirse legítimos en ciertos espacios donde predomina una estética elitista. Si su relación con la música sucede al margen de las prácticas institucionalizadas —como el rap, el flamenco de transmisión oral o la producción casera—, su conocimiento tiende a ser menos valorado por las estructuras oficiales. En consecuencia, el capital cultural actúa como marcador de clase, definiendo qué tipo de música se considera "arte" y cuál es vista como "expresión popular" o entretenimiento. Esto no solo afecta al reconocimiento simbólico, sino también a las oportunidades profesionales y académicas dentro del mundo musical. Esta forma de distinción simbólica permite a las élites culturales reproducir su posición dominante sin necesidad de recurrir a la coerción directa, dado que el poder se ejerce principalmente a través de los significados, las preferencias estéticas y las jerarquías invisibles.

Tal y como señala el propio Bourdieu en *La distinción* (1979), el gusto no es únicamente una preferencia individual, es un instrumento de diferenciación social. De este modo, las elecciones estéticas —desde el tipo de música que se consume hasta la forma de vestir o hablar— no solo *reflejan*, sino que *reproducen* estructuras de dominación. Este análisis resulta especialmente relevante para pensar fenómenos contemporáneos como los macrofestivales o el consumo cultural en plataformas de *streaming*, donde el capital simbólico de los distintos públicos está en continua reconfiguración.

En el contexto del turbocapitalismo contemporáneo —caracterizado por la aceleración de los procesos financieros, la mercantilización de todos los ámbitos de la vida y la hegemonía de los fondos de inversión como actores culturales— la no neutralidad de la cultura se vuelve aún más evidente. La compra de catálogos de canciones por parte de fondos de inversión ajenos a la cultura como KKR o Blackstone, o la gestión de grandes eventos musicales por corporaciones como Live Nation o Superstruct, no son meras operaciones comerciales, son actos profundamente ideológicos que reconfiguran el acceso, la programación y el significado mismo de los bienes culturales.

Cuando un festival patrocinado por empresas implicadas en violaciones de derechos humanos o financiadoras de industrias extractivas presenta una programación que apela a valores de diversidad, sostenibilidad o justicia, está llevando a cabo un acto de blanqueamiento simbólico. Este blanqueamiento fue lo que Naomi Klein acuñó como *branding* cultural en su célebre libro *No Logo: El poder de las marcas* (1999). El *branding* cultural se entiende como un fenómeno donde las empresas no se dedican a la comercialización de sus productos, sino que venden estilos de vida y valores asociados a estos, apropiándose de lenguajes progresistas para sostener lógicas de acumulación, llegando incluso a utilizar la estética de la resistencia como herramienta de *marketing*. De esta manera, las marcas se convirtieron en agentes culturales con capacidad para influir en el comportamiento y el sentido de pertenencia de los consumidores, colonizando el espacio simbólico de estos. Este hecho lo invade todo: conciertos, universidades, festivales, medios de comunicación y arte urbano, difuminando los límites entre cultura y comercio y haciendo que la participación cultural esté intervenida por el consumo.

Para Klein, el *branding* cultural es la sofisticación del capitalismo simbólico: el valor ya no reside solo en el producto, también reside en controlar los significados, afectos e identidades. Como consecuencia de este fenómeno se produce una despolitización de los consumidores, ya que las marcas simulan un compromiso social sin cambiar las estructuras; una falta de diversidad porque las empresas se apropian de discursos progresistas vaciándolos de contenido; una cultura precarizada debido a que tanto los artistas como los espacios dependen de patrocinios corporativos; y un control simbólico de la cultura, ya que las marcas definen lo que es deseable, moderno o legítimo.

Nike es una de las firmas más citadas por la periodista canadiense en *No Logo*. En los últimos años, el gigante deportivo ha reforzado su identidad asociándose con discursos de resistencia y justicia social, como en su campaña con Colin Kaepernick (2018), el jugador de la NFL que se arrodilló durante el himno nacional estadounidense en protesta contra la violencia policial hacia la población afroamericana. Nike usó el lema «*Believe in something. Even if it means sacrificing everything*»[14] para construir una imagen progresista, mientras ha seguido produciendo en condiciones laborales de semiesclavitud en diferentes países del sur global, evidenciando la apropiación de una estética de protesta para convertirla en una narrativa de marca.

---

14 Cree en algo. Incluso si eso significa sacrificarlo todo.

Tomemos otro ejemplo más musical: Spotify nunca se ha limitado a vender un servicio de *streaming* musical, sino que se presenta a sí mismo como motor de descubrimiento cultural, como un creador de comunidad y como un aliado de artistas. A través de funciones como Wrapped, sus *playlists* recomendadas, sus ofertas para estudiantes y su presencia en festivales, la plataforma se constituye como agente cultural capaz de moldear identidades musicales y hábitos de consumo. Sin embargo, existen al menos dos motivos para considerar que Spotify no está del lado del que dice estar. Primero, el eterno conflicto con los artistas por el reparto de royalties: su modelo de reparto actual se conoce como *pro-rata model*, en el que los royalties se prorratean según el total de reproducciones globales, beneficiando a los artistas más escuchados; en cambio, la alternativa que proponen los artistas y las discográficas independientes se conoce como *user centric model,* caracterizado por la distribución de los pagos de cada suscriptor únicamente entre los artistas que ha escuchado en un determinado período de tiempo, de modo que resulte más proporcional, personalizado y justo. Y, segundo, las inversiones en la industria armamentística. Esto último se puede convertir en un verdadero problema para Daniel Ek, cofundador y CEO de la empresa sueca desde su fundación en 2008, especialmente en el contexto actual: a través de su vehículo de inversión Prima Materia, Ek ha realizado importantes aportaciones a la empresa europea Helsing, dedicada a desarrollar tecnología militar con inteligencia artificial, incluyendo drones de combate y sistemas de vigilancia. Las cifras no dejan lugar a la imaginación: en noviembre de 2021, Ek anunció una inversión de 100 millones de euros en Helsing y se incorporó a su consejo de administración. En junio de 2025, Prima Materia lideró una nueva ronda de financiación, elevando la participación total de Ek en la empresa a 650 millones de euros. Estas inversiones suponen una aportación directa al *war economy*[15], la maquinaria militar moderna ligada a conflictos globales. Como no podía ser de otra manera, la reacción de la comunidad artística no se ha hecho esperar: algunos artistas como Deerhoof, Charlie Waldren o Skee Mask han retirado su música de Spotify, mientras que la organización sindical estadounidense United Musicians and Allied Workers (UMAW) ha denunciado que Ek está «financiando la industria militar mientras paga salarios de miseria a artistas».

Este ejemplo muestra cómo Spotify hace uso de su autoridad cultural —mediante su presencia en

---

15 Según el geógrafo e investigador especializado en la economía política de la guerra y los conflictos vinculados a recursos naturales Philippe Le Billon, *war economy* es un sistema global organizado en torno a sostener o promover la violencia. El concepto *war economy* describe un tipo de economía donde la guerra y el militarismo determinan prioridades productivas y de inversión, con efectos profundos y duraderos sobre la sociedad y el aparato estatal.

festivales y universidades, o en la promoción de géneros musicales populares— para construir una imagen de progreso y modernidad, mientras que su CEO, Daniel Ek, profundiza su vínculo con empresas militares vinculadas al *war economy* (IA militar y drones que están siendo utilizados en conflictos armados). Esto revela una colonización del espacio simbólico: cuando se paga una suscripción a Spotify, se está respaldando una poderosa inversión en *hardware* bélico. El contraste es claro: el *branding* cultural de Spotify vende comunidad, música y creatividad, a la vez que alimenta estructuras extractivas y violentas, blanqueadas por una fachada progresista.

Frente a esto, el concepto de economía moral permite pensar la cultura como un espacio donde las decisiones económicas deben ser juzgadas también desde criterios éticos, simbólicos y comunitarios. En este marco, la pregunta no es solo quién financia un evento o distribuye una obra, sino qué tipo de relaciones promueve, qué formas de vida refuerza y a qué exclusiones contribuye. Convengamos que no son este tipo de cuestiones las que tiene en mente la mayoría del público que compra una entrada para un festival veraniego de música.

La cultura, por tanto, no es únicamente un reflejo de la sociedad, también es una herramienta para producirla. Puede servir para consolidar un orden injusto o para cuestionarlo. En un mundo donde las expresiones culturales están cada vez más subordinadas a la lógica del beneficio financiero, repensar la cultura desde la economía moral no es un gesto nostálgico, es una posibilidad de resistencia y una reimaginación del futuro. La cultura tampoco es un espacio vacío de intereses ni, como sostiene la corriente liberal, una esfera autónoma y neutral al margen de las estructuras económicas y de poder. Muy al contrario, la cultura es un campo de batalla en el que se expresan, negocian y confrontan visiones del mundo, valores morales, relaciones de clase, género, raza y territorio.

Este ensayo defiende que la cultura no puede reducirse a una colección de obras, estilos o productos simbólicos, sino que debe ser entendida como una dimensión estructural de lo social, vinculada a los procesos de producción, distribución y legitimación del conocimiento y la sensibilidad. Analizar la cultura desde una economía moral, y no solo desde una lógica de mercado, implica aceptar que cada manifestación simbólica responde a condiciones materiales concretas y, en muchos casos, que participa de forma activa en la reproducción o en la crítica del orden establecido. En contextos turbocapitalistas como el que trata este texto, esta mirada se vuelve, además de necesaria, urgente.

El poder simbólico de la música

La música posee una capacidad excepcional para actuar como un lenguaje cargado de significado, trascendiendo a su valor estético o recreativo. A través de sus sistemas simbólicos, la música constituye un agente activo en la articulación de procesos culturales fundamentales, como la construcción y legitimación de identidades individuales y colectivas, la producción y transmisión de la memoria social, y la intervención en los marcos de disputa y negociación del sentido dentro del campo sociocultural. Tal y como afirma Simon Frith, la música «no expresa una identidad preexistente, sino que la produce», generando marcos de pertenencia que pueden ser territoriales, generacionales, de clase, de género o de raza.

Al mismo tiempo, la música se convierte en escenario de lo que Stuart Hall definió como *conflicto simbólico*, donde los discursos dominantes son cuestionados y transformados continuamente por grupos sociales que, desde posiciones de menor poder, reinterpretan y hacen suyas esas mismas ideas o símbolos. Ejemplos de ello son las canciones protesta en América Latina —como las de Víctor Jara, Mercedes Sosa, Violeta Parra o, más próximos al presente, Residente, Ana Tijoux, Mon Laferte o Kumbia Queers—, el movimiento punk en sus orígenes anticapitalistas o el canto colectivo feminista «Un violador en tu camino», que en 2019 transformó el espacio público en escenario de denuncia transnacional.

La música también desempeña un papel ritual, emocional y político en momentos de cohesión o ruptura social. Esto se evidencia, por ejemplo, en la interpretación de himnos nacionales durante eventos deportivos internacionales, donde se refuerza la identidad colectiva; en las procesiones religiosas, como las de Semana Santa en Andalucía, donde la música sacra canaliza emociones compartidas y valores comunitarios; o en conciertos conmemorativos como el *Live Aid* de 1985, que movilizó la solidaridad global frente a una crisis humanitaria. Asimismo, canciones de protesta como «El pueblo unido jamás será vencido» o «Bella ciao», se convierten en emblemas de resistencia social. Algunas piezas interpretadas en los momentos posteriores a una tragedia —como la canción «Imagine» de John Lennon, interpretada por un pianista frente al teatro Bataclan pocos días después de los atentados de París de 2015 como homenaje a las víctimas, en un gesto ampliamente difundido en medios internacionales y redes sociales— funcionan como vehículos para el duelo colectivo y herramientas para la reconstrucción emocional. De este modo, la música no solo refleja la sociedad, sino que la interpreta, la contesta y, en ocasiones, la transforma, convirtiéndose en un instrumento privilegiado de poder o de resistencia.

Despreciar el poder simbólico de la música supone una lectura reduccionista de su función social. Negar su valor político implica minimizar su capacidad para estructurar el imaginario social. Como explica el activista argelino Jacques Attali en su libro *Ruidos: Ensayo sobre la economía política de la música*, la música no es un simple reflejo de las estructuras sociales, es un modelo anticipatorio: un espacio donde se ensayan, antes que en otras esferas, las formas futuras de organización política, económica y cultural. Su tesis central es que la música ha sido históricamente un campo privilegiado para comprender los cambios en los modos de producción y las relaciones de poder. Además de proyectarse hacia el futuro, la música actúa como vehículo de memoria social, transmitiendo saberes y afectos que no siempre son accesibles por vías institucionalizadas. El uso de canciones durante las manifestaciones, funerales, rituales religiosos o celebraciones populares demuestra que la música es, desde siempre, parte integral de las prácticas sociales que conforman la vida colectiva. Ignorar su poder simbólico sería, por tanto, desestimar una de las formas más eficaces que tienen las comunidades de reafirmar sus vínculos, narrar su historia o proyectar sus demandas.

En esta línea, la antropóloga y musicóloga británica Georgina Born ha argumentado que la música no debe ser entendida como un arte autónomo, sino como una práctica social inmersa en redes de poder, afecto y representación que moldean lo social en profundidad. Born sostiene que la música no puede analizarse únicamente como una obra cerrada o autónoma, en la línea de la estética modernista; debe entenderse como una práctica cultural atravesada por condiciones materiales, estructuras institucionales, mediaciones tecnológicas y relaciones de poder. Rechaza la noción clásica de autonomía del arte[16] y propone una ontología relacio-

---

16 La concepción clásica de la autonomía del arte, heredada de la Ilustración y consolidada en el siglo XIX, defendía la existencia de un espacio artístico independiente, guiado exclusivamente por criterios estéticos y ajeno a los intereses religiosos, políticos o económicos. Este ideal, formulado por Kant en la *Crítica del juicio* (1790) y continuado por Schiller en sus *Cartas sobre la educación estética del hombre* (1795), concebía la obra de arte como un fin en sí mismo, desvinculada de toda finalidad práctica. Sin embargo, la realidad contemporánea de la cultura globalizada ha puesto en cuestión ese principio. Tal como señala Bourdieu (1996), los campos culturales funcionan con una autonomía solo relativa; pues, aunque las decisiones estéticas parecen independientes, se toman bajo estructuras marcadas por condicionamientos económicos y políticos. Este fenómeno es evidente en el actual mercado de la música en vivo, donde festivales gestionados por conglomerados financieros se presentan como plataformas creativas libres, pero operan dentro de marcos de rentabilidad impuestos por fondos de inversión; lo que condiciona, aunque sea de manera indirecta, tanto las programaciones como el acceso a los espacios culturales. Así, los grandes eventos, a pesar de reivindicar la tradición de autonomía artística, evidencian que el arte no puede separarse del entramado de intereses que lo sostiene en la era del turbocapitalismo.

nal de la música, donde esta participe activamente en la producción social de la realidad. Esta perspectiva permite comprender que la música es una práctica social que adquiere sentido en las relaciones que se establecen entre músicos, públicos, instituciones y contextos materiales.

La música en vivo se produce y se interpreta en interacción constante con los marcos sociales y económicos que la hacen posible: el recinto, las condiciones laborales, las decisiones específicas de la organización, los patrocinios o la propiedad empresarial influyen tanto en la experiencia como en su contenido simbólico. En consecuencia, y a pesar de lo que puedan manifestar los equipos organizadores y el público que sigue acudiendo en masa a estos eventos, los festivales (incluso los gestionados por Superstruct) no son meros contenedores neutros, sino espacios donde se materializan relaciones de poder que afectan la manera en que la música es vivida y dotada de sentido. Desde esta óptica, los boicots y las renuncias de artistas en 2025, más allá de decisiones individuales, son intervenciones en ese ecosistema de relaciones que redefine quién puede y quién quiere participar en la construcción simbólica de la cultura musical contemporánea. Estas renuncias constituyen una manifestación concreta del poder simbólico de la música como forma de posicionamiento ético y político. Una decisión de este tipo, lejos de reducirse a una

cuestión contractual o profesional, es un acto inequí-
vocamente político, una postura activa frente a estructuras de poder percibidas como moralmente cuestionables. La negativa a actuar en determinados eventos
representa un gesto que cuestiona la neutralidad del
arte y evidencia que la cultura está imbricada en redes
de poder, representación y conflicto.

En España, las cancelaciones de las actuaciones de
Residente, Judeline, Arca o Juliana Huxtable en festivales como el FIB, el Sónar o el Arenal Sound en 2025,
además del impacto mediático que provocaron, visibi-
lizaron una dimensión frecuentemente ignorada por
las industrias culturales: la legitimidad ética del arte
y sus condiciones de producción. Al no querer formar
parte de una estructura cuya financiación se considera
incompatible con los valores de justicia social o derechos humanos, este grupo de artistas movilizan el poder
simbólico de la música como herramienta de resistencia,
cuestionando los marcos hegemónicos que presentan a
la cultura como una esfera neutral y despolitizada, lista
para ser consumida a nivel masivo, evidenciando que
el escenario no es solo un espacio de expresión estética,
sino también un terreno de conflicto ideológico. De esta
forma, el poder simbólico de la música se activa incluso
en su ausencia, cuando el silencio se convierte en una
forma de denuncia y el arte reafirma su capacidad para
significar, movilizar y transformar.

Subestimar la dimensión simbólica de la música implica despolitizar un campo profundamente significativo para la sociedad. Frente a las lógicas neoliberales que reducen la música a un mero producto de consumo efímero, urge reivindicarla como una forma de expresión, conflicto y articulación social, que participa activamente en la producción del sentido, en la legitimación de lo común y en la configuración de las subjetividades. La música no es solo lo que suena: es lo que significa, lo que despierta y lo que marca. Ignorar su poder es un acto de rendición. Es entregar el arma que estas estructuras no pueden crear por sí mismas y la única herramienta que posee la comunidad artística para emanciparse de ellas.

Fondos de capital privado en la música

Como se puede leer al principio de este ensayo, la entrada de los fondos de inversión en el sector de la música en directo es un fenómeno relativamente reciente, ligado a la lógica de la financiarización cultural. Según alguna literatura académica y los registros de operaciones corporativas, las primeras inversiones significativas de capital privado en el negocio de la música en directo se produjeron a comienzos de la década de 2000, en Estados Unidos y Reino Unido, cuando los festivales y promotoras empezaron a considerarse activos rentables. Aunque ya había experiencias anteriores, podemos tomar el año 2005 como el inicio del fenómeno a nivel global, y 2017, con la creación de Superstruct, la primera vez que un fondo especializado en capital privado invirtió de forma directa y estructural en festivales de música.

Acerquemos la lupa y veamos más al detalle la cronología de esta dinámica para entender cómo hemos llegado al momento actual:

- **2005: Escisión de Clear Channel**[17] **y creación de Live Nation (Estados Unidos).** La división de conciertos de Clear Channel se independiza y se convierte en Live Nation, dando inicio a un modelo de expansión global basado en adquisiciones y financiado por capital privado y bursátil. Es el primer gran paso de la lógica financiera en el sector.

- **2006–2010: Fondos y capital riesgo en el ocio nocturno.** Durante estos años comienzan algunas operaciones en el ámbito de clubes y festivales: por ejemplo, la entrada de capital privado en Pachá (grupo empresarial español fundado en 1967, conocido internacionalmente por sus discotecas y clubes, especialmente el de Ibiza, icono global de la música electrónica y el ocio nocturno) y otros espacios de música electrónica, especialmente ligados al turismo.

---

17 Clear Channel Communications fue una corporación estadounidense de medios fundada en 1972, especializada en radio y publicidad exterior. A comienzos de los 2000 se convirtió en uno de los mayores conglomerados mediáticos del mundo. En 2005 escindió su división de espectáculos en vivo para crear Live Nation, que pasó a dominar el negocio global de los conciertos. En 2014 la empresa cambió su nombre a iHeartMedia y se centró en radio y medios digitales, manteniendo Clear Channel Outdoor para publicidad exterior.

- **A partir de 2010: Consolidación de promotoras globales.** Live Nation y AEG[18], con apoyo de capital financiero, monopolizan giras y festivales internacionales. La concentración del mercado deja de ser un fenómeno exclusivamente empresarial para convertirse en una estrategia financiera.

- **2017: Creación de Superstruct Entertainment.** El fondo Providence Equity Partners[19] crea Superstruct para adquirir y gestionar festivales europeos. En pocos años compra participaciones en Sziget (Hungría), Øya (Noruega), Elrow (España) y Boardmasters (Reino Unido), entre otros. Se considera el primer desembarco estructural y planificado del capital privado en el sector europeo.

---

18 AEG (Anschutz Entertainment Group) es una empresa estadounidense dedicada al entretenimiento en vivo y la gestión de eventos. Fundada en 1994, es uno de los mayores promotores de conciertos, festivales y espectáculos deportivos del mundo. Opera recintos emblemáticos (como The O2 en Londres) y organiza giras internacionales, siendo la principal competidora de Live Nation en el negocio global de la música en directo.

19 Providence Equity Partners es una firma global de capital privado fundada en 1989, especializada en inversiones de crecimiento en sectores como medios, comunicación, educación y tecnología en Norteamérica y Europa. Ha invertido más de 35 000 millones de dólares en más de 170 compañías, incluyendo el lanzamiento de Superstruct Entertainment en 2017, que gestionaba una red de festivales de música en vivo hasta su venta a KKR en 2024.

- **2018-2023: Expansión acelerada.** Superstruct entra en España entre 2017 y 2018, y en 2023 adquiere la promotora The Music Republic, dueña de festivales como el Arenal Sound, el Viña Rock y el FIB de Benicàssim. Paralelamente, otros fondos como CVC[20] participan en Live Nation y en empresas auxiliares del sector.

- **2024: Entrada de KKR en Superstruct Entertainment.** El fondo estadounidense KKR (Kohlberg Kravis Roberts) compra una participación mayoritaria en Superstruct Entertainment por una suma no confirmada que rondaría los 1300 millones de dólares, consolidando el control financiero de más de 80 festivales en todo el mundo. En España, esta operación genera controversia por los vínculos del fondo con empresas armamentísticas y provoca un boicot sin precedentes en 2025.

---

20 CVC Capital Partners es una firma internacional de capital privado fundada en 1981 en Luxemburgo. Gestiona inversiones en múltiples sectores (sanidad, deporte, entretenimiento, consumo o tecnología) con más de 140 000 millones de euros en activos. Es uno de los mayores fondos de capital privado del mundo y ha participado en operaciones relevantes en el sector deportivo y de medios, incluyendo adquisiciones de derechos audiovisuales y compañías de ocio.

¿Qué son y cómo operan los fondos de capital privado?

Un fondo de inversión de capital privado —o *private equity fund*, su denominación en inglés— es un instrumento financiero mediante el cual se reúnen grandes sumas de dinero para invertir en empresas no cotizadas en bolsa. El objetivo principal es comprar, transformar y vender estas empresas con el fin de generar altos beneficios para los inversores.

Estos entes financieros funcionan de la siguiente manera: primero, se forma un fondo con capital procedente de grandes inversores institucionales, que pueden ser fondos de pensiones, bancos, universidades, fondos soberanos[21] o grandes fortunas. Después de quedar constituido, una firma gestora (como KKR o Blackstone) administra el fondo y toma las decisiones de inversión, que conllevarán la adquisición de empresas privadas o públicas con intención de privatizarlas.

---

21 A diferencia de los fondos de inversión privados, cuyo capital procede de inversores institucionales y particulares en busca de beneficios rápidos, los fondos soberanos son instrumentos estatales que gestionan excedentes públicos —procedentes de materias primas o superávits fiscales— para obtener rentabilidad a largo plazo. Aunque su objetivo no es especulativo en el corto plazo, su creciente presencia en sectores estratégicos, incluida la cultura y el entretenimiento, plantea preguntas sobre la influencia política y económica de los Estados en la definición de agendas culturales globales.

Una vez adquiridas, se implementan estrategias para aumentar su valor mediante reestructuración, expansión, reducción de costes o fusiones. La mayoría de las ocasiones, estas nuevas estrategias implican despidos de personal, entre otros efectos negativos. Tras un periodo que suele durar entre 5 y 10 años, el fondo vende la empresa y reparte los beneficios.

Puesto que una de las características principales de los fondos de inversión es que no cotizan en bolsa, sus operaciones no son visibles para el público general. Esta falta de transparencia es la capa de invisibilidad que permite a estos instrumentos financieros operar al margen de lo ético y lo moral, amparándose de manera exclusiva en el rendimiento económico. No debemos olvidar que cualquier lujo tiene un crimen detrás. Por este motivo, junto a la pérdida de autonomía cultural y al enfoque exclusivamente financiero de las operaciones, la entrada de los fondos en la industria de la música en directo nos obliga a cuestionar el papel del arte, la sostenibilidad o la mercantilización del ocio. No hacerlo es ceder un espacio que nos será arrebatado, más pronto que tarde.

¿Qué es y de dónde viene KKR?

KKR —acrónimo de Kohlberg Kravis Roberts & Co.— es un fondo de inversión fundado en 1976 en Nueva York por Jerome Kohlberg, Henry Kravis y George Roberts, antiguos ejecutivos de Bear Stearns[22]. La firma se especializó en operaciones de capital privado y se convirtió en pionera en el uso de los *leveraged buyouts* o compras apalancadas, una estrategia que consiste en adquirir empresas mediante grandes cantidades de deuda para reestructurarlas y venderlas posteriormente con

---

22 Fue una de las principales firmas de servicios financieros de Estados Unidos, especializada en banca de inversión, comercio de valores y gestión de activos. Fundada en 1923 en Nueva York, la compañía fue durante décadas un actor clave de Wall Street, conocida por su agresividad en los mercados y su papel en la creación y comercialización de productos financieros complejos, como los valores respaldados por hipotecas (MBS). Bear Stearns colapsó en marzo de 2008, convirtiéndose en una de las primeras grandes víctimas visibles de la crisis financiera global. Su exposición a activos tóxicos vinculados a hipotecas subprime provocó una pérdida de confianza generalizada. En cuestión de días, su cotización se desplomó y la Reserva Federal orquestó una compra de emergencia por parte de JPMorgan Chase, que la adquirió por apenas 10 dólares por acción, cuando un año antes valía más de 150. El colapso de Bear Stearns marcó el inicio de la fase aguda de la crisis financiera. Fue un símbolo del colapso del sistema de titulización de activos y del exceso de apalancamiento en los mercados. Su caída anticipó la posterior quiebra de Lehman Brothers y el rescate de otras entidades financieras.

beneficios[23]. Su gran salto se produjo en 1989 con la compra de RJR Nabisco por 25 000 millones de dólares, una de las adquisiciones más grandes de la historia, popularizada por el libro y la película *Pánico en Wall Street* (1993). Durante las décadas siguientes, KKR diversificó sus inversiones hacia infraestructuras, sanidad, tecnología, energía y entretenimiento, gestionando capital procedente de fondos de pensiones, universidades y grandes patrimonios. En 2010 la firma salió a bolsa y amplió su alcance global con oficinas en todo el mundo. Como ya se ha mencionado en el presente ensayo, en 2024 reforzó su presencia en el sector cultural con la compra de Superstruct Entertainment, propietaria de más de 80 festivales de música en el mundo, incluida una parte importante del circuito español. A 31 de marzo de 2025, KKR operaba en 26 ciudades repartidas en 17 países, incluyendo oficinas estratégicas en Pekín, Riad, Dubai, Londres, Madrid, París, México, Hong Kong, Singapur, Sydney, São Paulo, San Francisco, Houston, Seúl o Tokio, además de su sede de Manhattan, en Nueva York.

---

23 Los activos de la empresa comprada suelen usarse como garantía para esa financiación. El objetivo es reorganizar y revalorizar la empresa (reduciendo costes, expandiendo mercado o fusionando negocios) para venderla después con una plusvalía. Este tipo de operaciones aumenta la rentabilidad del capital invertido gracias al apalancamiento financiero, pero también incrementa el riesgo y puede derivar en recortes y cambios profundos en la gestión.

Implicaciones jurídicas de las inversiones de KKR en Europa dentro del contexto del genocidio palestino

KKR tiene en Europa inversiones relevantes en sectores clave como el de las telecomunicaciones, la vivienda, la educación y el entretenimiento. Una de sus participaciones más polémicas es la que mantiene en el conglomerado mediático Axel Springer[24], que a su vez controla la plataforma de anuncios inmobiliarios israelí Yad2, conocida por ofrecer propiedades en asentamientos israelíes en territorio palestino ocupado. Yad2 oferta viviendas con anuncios como el que publicó en las navidades de 2024: «Yad2 te ayuda a mirar hacia adelante y construir un futuro en tu próximo hogar en Israel». Junto a ese eslogan, un mapa con las futuras promociones en zonas reconocidas como palestinas por el derecho internacional. Es en este dato donde se localiza el epicentro de la polémica y el motivo legítimo de la protesta. Si nos atenemos a las resoluciones

---

24 Axel Springer SE es una gran compañía europea de medios y tecnología con sede en Berlín, que opera más de 40 cabeceras consolidadas (como *Bild, Die Welt, Politico Europe* o *Business Insider*) y plataformas digitales de anuncios clasificados como StepStone y AVIV, funcionando como una potencia en periodismo digital y *marketplaces.* Desde julio de 2019, KKR se convirtió en el accionista mayoritario de Axel Springer, adquiriendo inicialmente entre el 45 % y el 48,5 % de las acciones a través de un consorcio con el fondo canadiense CPP Investments. Según los datos más recientes, KKR ostenta aproximadamente un 35,6 % de participación en Axel Springer.

de la UE[25] y a la jurisprudencia del TJUE[26], la UE considera los asentamientos israelíes en Cisjordania y Jerusalén Este como ilegales bajo el Derecho Internacional Humanitario. Por su parte, el TJUE, a través de una sentencia del 12 de noviembre de 2019 conocida como *Doctrina Psagot 2019*[27], dictaminó que los productos comerciales que provienen de territorios ocupados por Israel deben estar claramente etiquetados para garantizar el derecho de los consumidores a una información veraz. Además, la Directiva sobre la Diligencia Debida Empresarial, aprobada por el Consejo de la Unión Europea el 24 de mayo de 2024 —aunque los estados miembros, España incluida, tienen hasta el 26 de julio de 2026 para transponerla a su legislación nacional—, obliga a las empresas a realizar una diligencia debida[28] en materia de sostenibilidad para identifi-

---

25 Unión Europea.

26 Tribunal de Justicia de la Unión Europea.

27 Esta doctrina se originó a partir de un caso que involucraba a la bodega Psagot, ubicada en un asentamiento israelí en Cisjordania. La Organización Judía Europea acudió al TJUE para evitar que se obligara a etiquetar los productos como procedentes de un "territorio ocupado" en lugar de "Israel". El tribunal determinó que no indicar el origen exacto de los productos podría inducir a error al consumidor, dado que estos territorios no son reconocidos internacionalmente como parte de Israel.

28 La diligencia debida (*due diligence* en inglés) es el proceso de investigación y análisis exhaustivo que se realiza antes de cerrar una operación empresarial o financiera —como la compra de una empresa, la entrada de un inversor o una fusión— para conocer a fondo la situación real de la entidad implicada.

car, prevenir, mitigar y rendir cuentas sobre los impactos negativos en derechos humanos y medio ambiente, tanto en sus propias operaciones como en sus cadenas de valor, incluyendo las actividades de sus proveedores y clientes, lo cual podría afectar a fondos como KKR si no revisan sus estructuras de participación. Un ejemplo de esto es la denuncia presentada en Alemania contra Axel Springer. En noviembre de 2024, cinco demandantes palestinos y tres municipios (Iskaka, Marda y Taybeh), representados por el Jerusalem Legal Aid and Human Rights Centre y otras ONG europeas, acusaron a la multinacional alemana de complicidad en la consolidación de asentamientos ilegales en Cisjordania mediante su filial israelí Yad2; lo que, según los demandantes, vulnera la Ley alemana de diligencia debida en la cadena de suministro. Aunque la autoridad alemana BAFA[29] rechazó la denuncia en mayo de 2025, el proceso ha puesto en el centro del debate la responsabilidad de las corporaciones transnacionales en contextos de conflicto armado, evidenciando que las industrias mediáticas y culturales no son actores neutrales: al igual que en el caso de los festivales adquiridos por

---

29 La BAFA (Bundesamt für Wirtschaft und Ausfuhrkontrolle) es la Oficina Federal Alemana de Economía y Control de Exportaciones, organismo dependiente del Ministerio Federal de Economía y Protección Climática. Entre sus funciones está supervisar exportaciones, gestionar ayudas económicas y velar por el cumplimiento de la Ley alemana de diligencia debida en la cadena de suministro.

fondos financieros, la estructura de propiedad condiciona los marcos simbólicos y materiales en los que operan.

Riesgos a los que se enfrenta KKR en Europa

El primer riesgo es reputacional: numerosos artistas y festivales europeos han rechazado colaborar con Superstruct Entertainment, la filial cultural de KKR, debido a su asociación indirecta con los asentamientos ilegales en los territorios ocupados. En España, el Ministerio de Cultura y diversas administraciones locales, como los ayuntamientos de Villarrobledo y L'Hospitalet, han expresado sus reservas éticas sobre la colaboración institucional con empresas participadas por KKR. Existe también el riesgo de que los festivales propiedad de Superstruct Entertainment queden fuera de licitaciones públicas o programas de subvenciones a consecuencia de las implicaciones jurídicas desarrolladas en el punto anterior.

¿Qué es el Movimiento BDS?

El movimiento BDS (Boicot, Desinversión y Sanciones)[30] es una campaña internacional no violenta lanzada el 9 de julio de 2005 por más de 170 organizaciones de la sociedad civil palestina y activistas, entre los que destaca Omar Barghouti. La iniciativa, inspirada en las campañas contra el apartheid en Sudáfrica, busca poner fin a la ocupación israelí iniciada en 1967, garantizar la igualdad para los palestinos que son a su vez ciudadanos de Israel y promover el derecho al retorno de los refugiados palestinos. Desde sus primeras campañas dirigidas a empresas como Hewlett-Packard o Reebok, BDS propone tres herramientas de presión con el fin de que el Estado de Israel cumpla con el derecho internacional y los derechos humanos del pueblo palestino:

El boicot: consiste en rechazar productos, servicios, instituciones o eventos culturales y académicos vinculados al Estado de Israel, o a empresas que colaboren con la ocupación de los territorios palestinos. En abril de 2025, el BDS señaló a Xbox, la marca de videojuegos creada por Microsoft en 2001 y una de las principales y más populares plataformas globales de ocio interactivo,

---

30 El acrónimo BDS corresponde a la denominación original en inglés (*Boycott, Divestment and Sanctions*). Dado que la traducción al castellano (Boicot, Desinversión y Sanciones) mantiene las mismas iniciales, se conserva inalterado en ambos idiomas.

acusándola de facilitar tecnología que está siendo utilizada por el ejército israelí en Gaza.

La desinversión: implica retirar inversiones de empresas, bancos, universidades y organizaciones que se benefician económicamente de la ocupación y violación de derechos humanos en Palestina. En junio de 2024, el propio Omar Barghouti celebró el papel de las protestas estudiantiles en universidades norteamericanas —incluyendo Columbia en Nueva York y otras universidades de élite pertenecientes a la Ivy League— como impulso del debate sobre desinversión y justicia global.

Las sanciones: busca medidas políticas y económicas impuestas por los Estados o instituciones internacionales contra Israel hasta que cumpla con el derecho internacional. Ejemplo: suspender acuerdos de comercio, embargos de armas o restricciones diplomáticas.

Aunque el impacto económico directo sobre Israel ha sido limitado —como señala un análisis del gobierno de Estados Unidos publicado en 2020—, no debemos menospreciar el hecho de que, gracias a la presión ejercida durante estos años por el movimiento, grandes marcas globales como Starbucks o McDonald's reconocieron una caída en sus ventas al ser señaladas por BDS. Además, las acciones no violentas han contribuido a internacionalizar la lucha por los derechos palestinos, legitimar discursos críticos y vincular tanto causas

climáticas como de justicia social bajo una perspectiva interseccional. Por supuesto, el movimiento BDS se
enfrenta a una constante campaña de persecución y
desprestigio: desde leyes anti-BDS[31] en 38 estados de
Estados Unidos, orientadas a penalizar boicots económicos, hasta resoluciones simbólicas en países como
Canadá, Alemania y Francia, que acusan al movimiento de antisemitismo o buscan impedir su financiación
estatal.

¿Cómo impactan en KKR las campañas de boicot y la negativa de artistas a actuar en festivales de Superstruct Entertainment?

La respuesta corta es que no se sabe. Al ser KKR una
entidad que no cotiza en bolsa, los datos de sus operaciones no son públicos. Sin embargo, han sucedido y
seguirán sucediendo cosas que obligan a pensar en un
impacto económico real e inmediato en las cuentas del
fondo de inversión. A los más de 70 artistas que cancelaron su participación en el Sónar 2025 de Barcelona,

---

31 Estas leyes se han aprobado entre 2015 y 2023, con amplio respaldo bipartidista, e incluyen excepciones por umbral económico o tipo de organización. Sin embargo, han sido polémicas
porque implican limitaciones al derecho constitucional de libre
expresión protegido por la Primera Enmienda de la Constitu-
ción estadounidense, generando múltiples recursos judiciales.

hay que sumar la renuncia de la mitad del cartel de Field Day de Londres, respaldada por una carta abierta contra KKR que fue firmada por centenares de artistas más. En consecuencia, la presión se extendió a otros festivales de Superstruct como el Mighty Hoopla, el encuentro de música LGTBQ+ más grande de Europa, que se celebra en la capital británica, donde colectivos como Daytimers y Boiler Room se pronunciaron públicamente contra las inversiones de KKR en Israel y reafirmaron su apoyo al movimiento BDS. Frente a la grave crisis reputacional, otros macrofestivales emitieron comunicados asegurando su autonomía operativa y negando cualquier control por parte de los propietarios. En una noticia del diario económico español *Expansión* firmada por el periodista Roberto Casado el 3 de junio de 2025, se puede leer lo siguiente:

> *Para intentar frenar esa protesta, ante el miedo a que provoque un desmoronamiento de la asistencia a los conciertos, los festivales han comunicado que KKR no va a cobrar dividendos de Superstruct, para demostrar que el dinero que pagan los fans por las entradas no irá al resto de sus actividades.*
>
> *En un comunicado, Superstruct afirma que «todos los ingresos y beneficios de los eventos y festivales permanecen en su totalidad dentro de la empresa y van hacia el desarrollo y organización de festivales por todo el mundo».*

En una línea similar se ha pronunciado Sónar. «Nunca hemos enviado —ni enviaremos— un solo euro a KKR. Podemos garantizar que, tras cubrir los costes, todos los beneficios serán reinvertidos, en su totalidad, en futuras ediciones de Sónar».

El pago de dividendos es decisión de los accionistas, por lo que esos anuncios implican una renuncia por parte de KKR a votar en las respectivas juntas el reparto de beneficios de sus filiales.

En todo caso, la estrategia de fondos como KKR suele pasar por rentabilizar las inversiones mediante la reventa de sus activos en el plazo de unos 5 años, más que en el cobro de dividendos.

Fuentes del sector apuntan que, de hecho, en el plan inicial del fondo estadounidense no estaba previsto el cobro de dividendos, por lo que el boicot no habría cambiado esta política. Sí ha provocado que esta renuncia sea explícita [...].

Este escenario demuestra que los boicots simbólicos pueden convertirse en amenazas reales para la rentabilidad del capital financiero. Al paralizar las ventas, erosionar la reputación mediática o desacreditar los ingresos futuros, las acciones llevadas a cabo por colectivos, artistas y activistas pueden impactar en la valoración de activos —el modelo central en fondos como KKR— e incluso generar presiones políticas y regulatorias que pongan en tensión la legitimidad de sus inversiones. De momento, KKR ha mantenido su posición inicial, que ha degenerado en un conflicto con artistas, público e instituciones que, al cierre de este ensayo, dura ya meses. Queda en el aire saber cuál será su siguiente movimiento, pero lo que es seguro es que el riesgo que corre este fondo de inversión es real: si no adopta medidas de mayor transparencia y desvinculación activa, podría consolidar una imagen hostil entre las audiencias culturales y progresistas de Europa.

KKR y el futuro de la industria musical

Teniendo en cuenta la tendencia actual hacia la financiarización de la cultura y el comportamiento inversor que ha mostrado KKR hasta el momento en el que se escribe este ensayo, quizás podamos hacer el ejercicio de anticipar cuáles serán las cinco líneas estratégicas que permitan afianzar al fondo de inversión neoyorquino como un actor dominante en el ecosistema de la industria musical contemporánea.

En primer lugar, cabe señalar que KKR no busca únicamente inversiones rentables, sino posiciones de control estructural. En el ámbito musical, su hoja de ruta es integrar verticalmente festivales, catálogos editoriales, plataformas de venta de entradas y servicios de distribución digital. Este modelo busca controlar toda la cadena de valor de la música, desde la creación hasta el consumo final.

Hay un dato de KKR que se suele omitir —quizás por desconocimiento, aunque nada es casual en el turbocapitalismo— en artículos de prensa y en los debates en redes sociales que, en mi opinión, es incluso más preocupante que su inversión en la música en vivo: la adquisición de derechos musicales mediante la compra de catálogos musicales enteros. En la última década, KKR ha sido una de las compañías más activas en la adquisición de catálogos de derechos, integrando la propiedad intelectual dentro de su estrategia de diversificación de activos culturales. Desde 2021 ha llevado a cabo operaciones destacadas, como la compra de un catálogo que incluye más de 62 000 derechos de autor musicales a través de Kobalt Capital y Chord Music Partners, por un valor conjunto de más de 1100 millones de dólares. Entre los artistas más conocidos cuyos catálogos son ahora propiedad de KKR están: The Weeknd, Lorde, David Guetta, ZZ Top, Ellie Goulding, John Legend, Diplo o Twenty One Pilots. Este movimiento responde a la creciente rentabilidad de los derechos musicales en la era del *streaming*, donde los ingresos generados por licencias para publicidad, inteligencia artificial, sincronizaciones y reproducción digital se han convertido en una fuente de beneficios estable y con una fuerte previsión de crecimiento. Para KKR, los catálogos son meros activos financieros capaces de generar flujos constantes de caja, revalorizándose a largo plazo. Esta nueva realidad evidencia la distancia entre quienes explotan los derechos y los creadores originales.

En tercer lugar, la estrategia de KKR pasaría por una expansión internacional. El fondo siempre ha mostrado interés, vehiculado a través de Superstruct Entertainment, en promotoras y festivales de América Latina, Asia y África, regiones que representan mercados con gran potencial de crecimiento y mucha menor regulación que en Europa. La jugada parece clara: exportar el modelo de macrofestival rentable a zonas donde todavía hay márgenes de expansión simbólica y económica, sin poner demasiado énfasis en su realidad política ni en el respeto de cada país por asuntos como la sostenibilidad o los derechos humanos.

La lógica especulativa a la que pertenece KKR exige un ajuste de costes y presión sobre el trabajo artístico para obtener un retorno estable y creciente. Como hemos visto en otras industrias, esto más que probablemente derivará en una reducción de costes laborales —que se traduce en despidos masivos—, la precarización del trabajo técnico y artístico, y la homogeneización de contenidos según lo que garantice los beneficios. De este modo, la tensión entre rentabilidad y diversidad cultural se hará más evidente.

Por último, y en quinto lugar, la participación de KKR en industrias relacionadas con la defensa, la vigilancia o las tecnologías cuestionadas éticamente, o su presencia mayoritaria en multinacionales como Axel Springer, podría hacer escalar las protestas por parte de instituciones, movimientos sociales, artistas o plataformas críticas. Frente a esto, existen sobrados ejemplos en el pasado donde la gestión de crisis reputacionales mediante estrategias de *marketing* social ha demostrado ser una herramienta fundamental para empresas que buscaron reposicionar su imagen después de sonados conflictos públicos. Casos paradigmáticos como la mencionada campaña de Nike con Colin Kaepernick en 2018, la decisión de Ben & Jerry's de dejar de vender en asentamientos ilegales en 2021, o la formación en diversidad implementada por Starbucks, también en 2018, evidencian que la asunción pública de una postura ética puede transformar un boicot en una oportunidad de liderazgo simbólico. Sin embargo, cabe recordar que a KKR se la señala por su implicación en un caso de genocidio, lo que sitúa el debate en un plano muy diferente, que superaría los límites de la mera responsabilidad social corporativa. El rechazo que ha despertado este asunto y la constante vigilancia a la que será sometido el fondo a partir de ahora, no se calmará con una simple campaña de *marketing* social.

La economía moral y la economía ética

Propongo recurrir a los conceptos de economía moral y economía ética porque ofrecen un marco teórico adecuado para analizar las prácticas, relaciones y tensiones que surgen en el ámbito de la música en vivo dentro del contexto del turbocapitalismo. La economía moral permite examinar cómo las y los artistas, el público y el resto de actores de la industria apelan a valores como la justicia, el reconocimiento o la reciprocidad para justificar sus expectativas y demandas, más allá de la lógica estrictamente mercantil. El caso del boicot a festivales españoles vinculados a Superstruct Entertainment, debido a sus relaciones con inversores relacionados con actividades inmorales —además de contrarias a los derechos humanos— en territorios ocupados, supone un ejemplo rotundo de economía moral.

Desde que en mayo de este mismo año la prensa comenzara a hacerse eco de la vinculación de numerosos festivales españoles con el fondo KKR, miles de personas volcaron su rechazo en redes sociales. El llamamiento generalizado al boicot de estos eventos fue casi automático. Miles de personas reclamaron la devolución de sus entradas a los diferentes festivales propiedades de Superstruct en un gesto cargado de simbolismo que no se había visto nunca: la denuncia no tenía que ver con la calidad del servicio, sino con objeción a contribuir económicamente en estructuras percibidas como injustas.

Un usuario británico escribió en su cuenta de Instagram: «*Me dancing knowing where my ticket money is going? No thanks*»[32].

Esta respuesta colectiva se alinea con lo que el historiador, intelectual y activista antinuclear británico Edward Palmer Thompson —más conocido como E.P. Thompson— describió como la «economía moral del pueblo», es decir, una serie de expectativas populares sobre lo que debe considerarse justo o legítimo en el intercambio económico, aunque no esté regulado por la ley o el contrato formal. En este sentido, el antropólogo, sociólogo y médico francés Didier Fassin amplía la noción de economía moral al señalar que «las emociones morales surgen allí donde el juicio ético desafía al orden establecido». Esto se observa de manera nítida en el caso de los festivales ya mencionados, donde artistas y asistentes actuaron por convicciones morales compartidas, renunciando incluso a beneficios económicos o visibilidad artística a cambio de no participar en un evento que consideran moralmente reprobable. Así, el juicio moral se impuso a la lógica del mercado, revelando que, en el terreno cultural, las decisiones de

---

32 ¿Bailar sabiendo a dónde irá mi dinero? No, gracias.

consumo o participación no son nunca puramente económicas, sino profundamente políticas y éticas.

Este fenómeno tiene antecedentes en otros contextos. Por ejemplo, en 2021, artistas como Massive Attack y Brian Eno criticaron de manera explícita el patrocinio de festivales británicos por parte de bancos con inversiones en combustibles fósiles, generando una ola de presión pública para revisar las políticas de financiación de eventos culturales. De modo similar, colectivos como Musika Bulegoa en Euskadi han promovido modelos de programación musical basados en criterios de justicia social, transparencia y sostenibilidad, posicionándose frente a las lógicas puramente lucrativas de los grandes festivales.

Estos casos demuestran que la economía moral no es una noción abstracta, se trata de un conjunto activo de prácticas, emociones y juicios que influyen de forma concreta en las dinámicas culturales. Incorporar el concepto de economía moral al análisis de la música en vivo permite comprender por qué ciertos conflictos económicos en el sector deben leerse también como conflictos morales, donde el valor no se mide en términos de beneficio; sino de legitimidad ética.

En un entorno marcado por la precariedad laboral, la concentración empresarial y la mercantilización intensiva de la cultura, estos conceptos nos permiten interpretar no solo los conflictos y desigualdades del sector musical, sino también las alternativas que artistas y colectivos están construyendo para resistir o transformar las reglas del mercado. Por eso su inclusión en el presente texto no es meramente conceptual: habilita una lectura crítica de las formas en que se producen, valoran y consumen los espectáculos en vivo en la actualidad.

La idea de economía moral fue introducida por E.P. Thompson en su artículo *La* economía moral *de la multitud en la Inglaterra del s. XVIII* de 1971, donde reclamaba a la antropología el mismo empeño metodológico para el estudio de las sociedades históricas (incluida la actual) que utilizaba para el estudio de las sociedades primitivas. El término hace referencia al conjunto de normas sociales, valores y creencias que influyen en las prácticas económicas y las relaciones que tienen lugar dentro de una comunidad. La economía moral no busca maximizar a cualquier precio las ganancias o la eficiencia: tiene en consideración la justicia, la reciprocidad y el bienestar general como elementos intrínsecos a la actividad económica, de modo que es dicha comunidad, a través de sus costumbres y expectativas, quien determina lo que es justo y aceptable en el ámbito económico. Por ejemplo: un grupo de campesinas y campesinos que considera inmoral subir el precio del pan en tiempos de hambruna, aunque sea legal y el mercado lo permita. O, en sociedades más complejas —y quizás más actuales—, la economía moral puede manifestarse en la resistencia a prácticas comerciales que se perciban como injustas, como establecer precios de alquiler disparatados o percibir salarios muy por debajo del valor que genera esa actividad. Es decir, frente a una realidad legal que permite ir en contra de los valores de una comunidad, la economía moral se percibe como un contrapeso a la correlación de fuerzas que operan dentro de ese sistema. En definitiva, es una forma de entender la economía que va mucho más allá de los intercambios comerciales y pone el foco en las normas sociales, los valores y las relaciones que dan forma a la vida económica de una comunidad.

Por su parte, la economía ética aspira a trazar un camino en el que la actividad económica no se guíe únicamente por el beneficio, sino por el compromiso con el bien común. Propone principios que invitan a actuar con honestidad, transparencia y solidaridad, recordando que detrás de cada decisión económica hay personas, vínculos y futuros en juego. Si la economía moral se encuadra dentro de las disciplinas de la historia social y la antropología, la economía ética lo hace dentro de la filosofía política y la ética aplicada[33].

---

33 La ética aplicada es una rama de la filosofía moral que se encarga de analizar y resolver dilemas concretos de la vida real a partir de principios éticos. A diferencia de la ética normativa, que se ocupa de formular teorías generales sobre lo correcto o incorrecto, la ética aplicada busca trasladar esos principios a contextos específicos, como la medicina, la política, la economía, el medio ambiente, la tecnología, la educación, entre otros.

Un ejemplo actual de economía ética es el modelo de las cooperativas de trabajo asociado, donde los propios trabajadores son los propietarios de la empresa y participan democráticamente en las decisiones. Este tipo de organización promueve una distribución equitativa de los beneficios, la estabilidad laboral y el compromiso con el entorno social. Un caso destacado es la Corporación Mondragón, radicada en Euskadi y reconocida mundialmente, que agrupa unas 100 cooperativas fundadas en 1956. En 2024 cerró con una plantilla de unas 70 500 personas, consolidándose como el principal empleador en Euskadi y el quinto en España, y alcanzó unas ventas estimadas de 11 200 millones de euros, junto con un beneficio neto ligeramente superior a los 593 millones (dato de 2023). Asimismo, la corporación ha invertido de forma significativa en innovación, destinando casi 370 millones de euros a I+D en 2023, con una plantilla de más de 2000 personas dedicadas a esta área. Este modelo contrasta con las estructuras tradicionales, pues antepone valores como solidaridad, equidad y sostenibilidad al lucro individual, demostrando que es posible aplicar criterios éticos a la economía sin renunciar a la eficiencia ni a la visión a largo plazo.

Entre las autoras y autores más destacados de esta corriente encontramos al economista indio Amartya Sen (que en 2021 ganó el Princesa de Asturias de

Ciencias Sociales y sigue activo a sus 91 años), la filósofa neoyorquina Martha Nussbaum (también Premio Príncipe de Asturias en Ciencias Sociales, ella en 2012) o el igualmente filósofo estadounidense John Rawls, autor de *Teoría de la justicia*, un trabajo publicado en 1971 que lo situó entre los pensadores políticos más referenciados de la época. Por separado, estos autores han realizado contribuciones fundamentales a la economía ética desde distintas perspectivas. Sen propuso el enfoque de las capacidades, centrado en la libertad real de las personas para desarrollar su potencial y llevar la vida que deseen, criticando las visiones reduccionistas del bienestar basadas solo en ingresos. Nussbaum, ampliando esta visión, definió una lista de capacidades humanas básicas que deben ser garantizadas para una vida digna, integrando una dimensión filosófica y humanista en el desarrollo económico. Por su parte, Rawls defendió la justicia como equidad *(justice as fairness)*, sosteniendo que las instituciones económicas deben diseñarse para beneficiar a los menos favorecidos, a través de principios como la igualdad de oportunidades y la distribución justa de recursos.

Un resumen casi arquitectónico: mientras que la economía moral se formula desde dentro de la

comunidad —enfoque *emic*[34]— y se basa en la percepción de legitimidad interna, la economía ética opera
desde el exterior de la comunidad —enfoque *etic*[35] o de
ética aplicada— y se guía por estándares normativos
generales.

---

34 El enfoque emic (también escrito émico) es una perspectiva de
análisis utilizada principalmente en la antropología, la etnografía y otras ciencias sociales, que busca comprender un fenómeno desde el punto de vista de los propios sujetos estudiados,
es decir, desde dentro de la cultura. El concepto proviene de la
lingüística estructural, donde *emic* deriva de *phonemic* (fonémico) —la forma en que los sonidos son percibidos dentro de
una lengua—, en contraste con *etic*, de *phonetic* (fonético), que
observa los sonidos desde fuera del sistema.

35 El enfoque etic (también escrito ético) es una perspectiva ana-
lítica empleada en antropología, sociología y otras ciencias sociales que estudia los fenómenos culturales desde un punto de
vista externo y comparativo, utilizando conceptos, categorías y
marcos teóricos desarrollados por el investigador, no necesa-
riamente compartidos por los miembros de la cultura observa-
da. Al igual que *emic*, el término *etic* proviene de la lingüística
estructural, derivado de *phonetic* (fonético), que estudia los
sonidos de una lengua de forma objetiva, en contraste con *phonemic* (fonémico), que se basa en la percepción interna de los
hablantes.

Las superestructuras económicas y el extractivismo

El término *superestructura económica extractivista* encierra dos nociones clave del pensamiento crítico contemporáneo: el sistema ideológico, económico y cultural (*superestructura*) y el patrón de acumulación (*extractivista*[36]). Esta fórmula permite entender cómo se legitima culturalmente la concentración de riqueza y el expolio de valor simbólico, laboral y cultural de la música.

Según el materialismo histórico[37], la superestructura es el conjunto de instituciones, normas, discursos, creencias y prácticas culturales que justifican y perpetúan un

---

36 Término introducido por el ecólogo social uruguayo Eduardo Gudynas (Montevideo, 1960) en 2009, aportando los fundamentos teóricos que podrían relacionarse con una superestructura específica asociada al modelo extractivista.

37 Teoría formulada por Karl Marx y Friedrich Engels a partir de 1845, que sostiene que el desarrollo de la sociedad está determinado principalmente por las condiciones materiales y económicas de cada época. Según esta perspectiva, la historia humana avanza a través de la lucha de clases, impulsada por los cambios en las formas de producción y en las relaciones económicas. La infraestructura económica (las fuerzas productivas y las relaciones de producción) condiciona la superestructura (las instituciones, ideologías, leyes y cultura), y es a partir de esas contradicciones entre clases sociales que se generan los procesos de transformación histórica.

determinado sistema económico. Esto incluye sistemas legales, educativos, mediáticos y religiosos.

Por otra parte, el extractivismo es un modelo económico que se basa en la sustracción intensiva de recursos de un territorio o una comunidad. Aunque en un principio se refería a materias primas, actualmente el concepto también incluye el extractivismo simbólico (arte, creatividad, cultura); el extractivismo digital (datos, atención); el extractivismo laboral (fuerza de trabajo precarizada) y el extractivismo cultural (apropiación sin reciprocidad).

Por tanto, una *superestructura económica extractivista* se refiere a un sistema que no solo extrae valor, sino que cuenta con una red de legitimación simbólica que lo hace deseable, inevitable o incluso progresista. Esta superestructura camufla la desigualdad.

Si aplicamos esta definición a la industria de la música en directo, el modelo que se obtiene es uno donde los macrofestivales son propiedad de empresas como Superstruct Entertainment, que forman parte de fondos de inversión privados como KKR. Este modelo busca la rentabilidad financiera a través del control de macroeventos musicales, que justifica con narrativas de diversidad, acceso global o innovación cultural, y donde la homogeneización simbólica reemplaza a la pluralidad cultural. En este modelo, los territorios de extracción son los artistas, el público y las comunidades locales.

Como un eco dorado del progreso, los festivales replican narrativas oficiales y empresariales que exaltan el turismo, el empleo temporal y la revalorización del espacio, además de promover actividades aspiracionales. Sin embargo, detrás de estos ecos se esconde una estructura que beneficia a grandes promotores y capitales internacionales, mientras precariza a los trabajadores culturales y externaliza los costos sociales y ambientales a las comunidades receptoras. Son como jardines envenenados: traen flores de colores en forma de cartelera musical, *food trucks* y patrocinios, pero sus raíces absorben sin devolver. Se extraen recursos públicos en forma de infraestructuras, subvenciones y permisos, se ocupan suelos públicos o semiurbanos y se reconfigura el espacio urbano —aunque sea de forma temporal— al servicio del espectáculo. Todo ello con la promesa de desarrollo local sabiendo que, en la mayoría de las ocasiones, los beneficios reales quedan fuera del territorio. El discurso hegemónico refleja bienestar, éxito y cosmopolitismo, mientras oculta los efectos colaterales —gentrificación, ruido, residuos, saturación y precariedad— que recaen sobre quienes habitan los entornos de los festivales. Las cifras de asistentes, ventas y retorno económico se convierten en argumentos irrebatibles, aunque no contabilicen los costos invisibles ni la erosión del tejido social.

La noción de superestructura económica extractivista, por tanto, nos ayuda a comprender cómo la cultura puede ser utilizada como herramienta para ocultar dinámicas de explotación, a la vez que nos permite cuestionar no solo qué se extrae, sino qué narrativas sostienen este modelo.

●

Un espectáculo bochornoso

La mañana del 13 de mayo de 2025, la industria españo-la despertó con un artículo de *El Salto*, firmado por los periodistas Pablo Elorduy y Javier H. Rodríguez, que iba a obligar a posicionarse, por acción u omisión, a todas las partes implicadas en el negocio de la música en directo: artistas, festivales y público. El titular decía: «El fondo proisraelí KKR se hace con los grandes festivales españoles de música». A las pocas horas, la información ofrecida en exclusiva ya tenía reflejo en periódicos de mucha más envergadura, tanto españoles como inter-nacionales. En esa investigación se detallaba cómo KKR había adquirido Superstruct Entertainment en enero de 2024 por una cifra aproximada de 1400 millones de euros, y se explicaba que, desde entonces, más de 80 fes-tivales de todo el mundo —incluidos algunos españoles mencionados en páginas anteriores— quedaban vin-culados de manera irremediable a un fondo de inver-sión estadounidense con intereses empresariales en territorios palestinos ocupados. Aunque previamente se habían publicado notas de prensa financieras —por ejemplo, el anuncio de la adquisición en *Financial Times* y en medios bursátiles como investing.com el 21 de junio de 2024—, fue *El Salto* el primer medio que contextualizó esa operación en el momento geopolítico actual y provocó la ola de declaraciones, cancelaciones, llamadas al boicot y peticiones de devolución de las entradas, que no solo no han cesado en el momento en que escribo estas líneas (julio de 2025), sino que no han hecho más que aumentar.

Como ya es costumbre en una existencia dominada por el impacto en redes sociales, la onda expansiva de la noticia configuró rápidamente tres bandos diferenciados dentro de la comunidad artística: el más crítico, que defendía el boicot y la ruptura inmediata y total con los festivales de Superstruct como única opción éticamente asumible; un segundo bando continuista, que proponía separar el arte de la propiedad, escudándose en el impacto económico que tienen estos festivales en las comunidades locales y en los artistas que participan; y un tercero que se reconoció atrapado entre la ética y la realidad laboral, que mostró su rechazo a KKR y que utilizó el escenario para denunciar el genocidio y apoyar la causa palestina, pero que no canceló sus contratos con los festivales implicados.

Mientras la industria entraba en ebullición y los comunicados defendiendo posturas contrapuestas se multiplicaban en todas las direcciones, los festivales se apresuraron en asegurar que gozaban de «libertad total» para establecer su línea editorial y que en ningún caso la empresa propietaria se interponía en sus decisiones artísticas ni les marcaba el discurso. Sin embargo, es sabido que, en el actual ecosistema de la música en directo, el discurso de la «autonomía operativa» ha sido utilizado para desactivar las críticas éticas vinculadas a las estructuras de propiedad. La afirmación de «libertad total» requiere ser examinada a la luz de las nociones sociológicas de autonomía relativa[38] y propiedad estructural.

En términos funcionales, es cierto que los festivales mantienen una autonomía artística que les permite seleccionar carteles o conservar sus equipos internos sin intervención directa del grupo matriz, lo que favorece la continuidad simbólica del evento y su legitimidad cultural ante el público. No obstante, dicha libertad se produce dentro de una arquitectura de propiedad que centraliza los beneficios, estandariza las políticas de inversión y fija marcos estratégicos desde arriba. Como señaló David Hesmondhalgh, las industrias culturales están atravesadas por una tensión permanente entre la expresión simbólica y el control económico, y donde la

---

38 En su libro *Las reglas del arte: Génesis y estructura del campo literario* (1992), Bourdieu analiza cómo los campos culturales —también el musical— se desarrollan históricamente como espacios sociales diferenciados, con sus propias reglas, normas y formas de consagración. A medida que estos campos se emancipan de otras esferas de poder (económico, político, religioso), adquieren una autonomía relativa: pueden operar con cierta independencia simbólica, pero nunca son completamente autónomos, porque siguen condicionados por relaciones de poder externas (como el mercado, el Estado o los medios). Es decir: que esa libertad está limitada por estructuras económicas y sociales más amplias.

creatividad convive con exigencias de rentabilidad defi-
nidas por inversores globales[39]. De esta manera, aunque
un festival pueda mantener su identidad estética, no
puede —sin riesgo de sanción o marginación— decla-
rarse públicamente en contra del modelo económico de
su propietario. Esta paradoja se evidenció en primavera
de 2025, cuando festivales como el Sónar de Barcelona
emitieron comunicados donde afirmaban que «ningún
euro» llegaba a KKR, pero al mismo tiempo seguían
generando beneficios para una estructura propietaria
cuestionada por su implicación en conflictos geopo-
líticos. Como advierte Nancy Fraser, esta disociación
entre contenido progresista y estructura regresiva es
uno de los mecanismos más eficaces del capitalismo

---

39 En el libro *The Cultural Industries* (2019), que no está traducido
al castellano, David Hesmondhalgh ofrece un análisis crítico de
cómo las industrias culturales —música, cine, televisión, prensa,
videojuegos— operan dentro de las lógicas del capitalismo contemporáneo, lejos de ser espacios neutrales o únicamente creativos. El autor muestra que estas industrias están atravesadas por
una tensión constante entre expresión simbólica y rentabilidad
económica, lo que da lugar a formas de producción marcadas por
la concentración empresarial, la precariedad laboral, la repetición
de fórmulas comerciales y la desigualdad estructural. Rechaza la
visión ingenua que celebra todo consumo cultural como resistencia, y sostiene que las industrias culturales son espacios donde se
reproducen y disputan valores, identidades y jerarquías. Además,
subraya el papel clave del Estado en su regulación, y alerta sobre
los efectos de la globalización digital y el poder desmedido de plataformas como Spotify o Netflix. Así, propone una perspectiva que
combina sociología, economía política y crítica cultural para entender la cultura como un campo estratégico de poder.

cultural contemporáneo para neutralizar el conflicto simbólico[40].

Desde esta perspectiva, la «libertad total» declarada por Superstruct debe entenderse como una autonomía delegada: no es libertad política ni financiera, sino margen operativo dentro de una estructura que maximiza el rendimiento y minimiza el conflicto. Este fenómeno no es nuevo y conecta con la teoría del poder simbólico de Pierre Bourdieu[41], según la cual los agentes culturales actúan dentro de campos estructurados por desigualdades que no siempre son interpretados como coerción directa, pero sí como condiciones de posibilidad económica y simbólica. En el caso de la música, este poder simbólico no solo se manifiesta en lo que

---

40 La idea de «disociación entre contenido progresista y estructura regresiva» aparece con claridad en su artículo *From Progressive Neoliberalism to Trump—and Beyond* (2017). En él, Fraser describe cómo se articulan valores identitarios y retórica feminista o ecologista, mientras se mantienen estructuras económicas neoliberales e incluso regresivas. En este marco, los contenidos culturales o políticos pueden presentar una fachada transformadora; pero, al enmarcarse dentro de sistemas de propiedad, financiación o control existentes, como ocurre con festivales pertenecientes a fondos de inversión, se limitan sus efectos disruptivos reales. El capitalismo cultural utiliza esta estrategia para canalizar lo progresista sin alterar el tejido del poder económico.

41 De su libro *El lenguaje como poder simbólico*, publicado en francés en 1982. En él, Pierre Bourdieu argumenta que el lenguaje no es simplemente un instrumento de comunicación, sino un medio a través del cual se ejerce poder simbólico.

suena, también en quién lo produce, bajo qué condiciones, con qué apoyo financiero y para qué público.

Pese a que es imposible saber cuántas peticiones de devolución de entradas fueron cursadas a raíz de la publicación del artículo de *El Salto*, lo cierto es que debieron ser varios miles, porque incluso un festival con un capital social[42] como el del Sónar se vio obligado a abrir un canal exclusivo para tal fin. Estas peticiones chocaron en un primer momento con las condiciones por parte de las tiqueteras, que son poco claras y están redactadas para evitar en todo lo posible dicha devolución; pero la presión mediática y social consiguió que, a pesar de que las peticiones fueron provocadas más por la modificación de los carteles tras la renuncia de artistas de peso que por motivos éticos, el importe fuera devuelto. Estos hechos —incluso desconociendo las cifras reales— reflejan el poder que tiene el público para impactar en la economía de estas estructuras, hasta el punto de poner en peligro la viabilidad del modelo de negocio si el boicot se convierte en algo sostenido en el tiempo.

---

42 En ciencias sociales, el término *capital social* se refiere al conjunto de relaciones, redes, normas y valores compartidos que facilitan la cooperación y la confianza entre individuos y grupos dentro de una sociedad. A diferencia del capital económico o humano, que se mide en dinero o en conocimientos individuales, el capital se mide por la calidad de los vínculos sociales y por su capacidad para generar beneficios colectivos.

El precariado artístico

Como ocurre en todas las crisis, no existe unanimidad en la respuesta. El conflicto ético y material, surgido tras conocerse la vinculación de algunos festivales con el genocidio que está perpetrando el Estado de Israel en Gaza, evidencia las diferentes realidades que se viven dentro de la industria musical tanto a nivel nacional como internacional. Dentro de esta lógica se distinguen tres grandes grupos: los *first responders*[43] o bando crítico, que ha llamado al boicot y a la resistencia cultural desde el primer momento; el bando continuista, que aboga convencido por una separación entre arte y propiedad; y un tercer bando intermedio, quizás el más numeroso, que rechaza éticamente el conflicto, pero no puede cancelar sus compromisos con festivales de Superstruct sin poner en riesgo su propia supervivencia.

---

43 El concepto *first responders* (primeros intervinientes, personal de primera respuesta) se refiere a las personas entrenadas para intervenir inmediatamente en situaciones de emergencia, como accidentes, catástrofes naturales, atentados o crisis sanitarias. En el ámbito cultural, pueden considerarse como *first responders* simbólicos a artistas, colectivos o trabajadoras y trabajadores culturales que reaccionan de forma inmediata frente a crisis sociales, políticas o éticas, utilizando el arte como herramienta de denuncia, expresión o resistencia. Así como en el ámbito de la emergencia física los *first responders* estabilizan una situación, estos actores culturales intervienen en el terreno simbólico para nombrar lo que otros silencian, abrir debates y activar conciencias.

En el primer grupo militan artistas como Brian Eno, Kneecap, Massive Attack, La Furia, Cora Novoa, Arca, Fermín Muguruza, Juliana Huxtable, Kode9, Bob Vylan y colectivos como Ravers for Palestine, Artists for Palestine UK o activistas de la escena *underground*. Una fuerte conciencia ética y una ideología de izquierdas sirven de fuerzas integradoras para este colectivo de realidades tan dispares. Algunos de estos nombres están poniendo el cuerpo en esta protesta, aceptando unas consecuencias desproporcionadas: desde persecuciones judiciales a la denegación de las visas de entrada y trabajo en Estados Unidos, pasando por las giras canceladas por el promotor en Alemania o el veto de la televisión pública británica a sus actuaciones en el festival de Glastombury. Defienden que el arte no puede separarse de las estructuras que lo financian y sostienen que actuar en un festival propiedad de KKR implica participar en la legitimación de un sistema económico que se beneficia de la ocupación y la violencia. Se han posicionado a través de comunicados tanto en medios como en redes, promueven el boicot activo como forma de presión cultural y ostentan un enfoque interseccional que conecta Palestina con las luchas antirracistas, feministas, anticoloniales y de clase.

Por su parte, el bando continuista sostiene que la programación artística es independiente del capital de los fondos de inversión y que la cancelación de eventos perjudica más a los trabajadores y economías locales que a las grandes corporaciones. Su propuesta pasa por mantener la actividad y provocar cambios desde dentro. No sorprende encontrar a los equipos directivos de los festivales de Superstruct entre las voces más activas de este grupo, que han evitado un posicionamiento político explícito a través de comunicados centrados en el impacto económico y turístico de sus eventos.

Lo escribí sin metáforas en la primera página de este libro: la precariedad económica y laboral es el motivo por el que muchas bandas y solistas no cancelan sus actuaciones en los festivales propiedad de Superstruct Entertainment. No es conveniente morder la mano de quien te da de comer. También hay casos excepcionales como el del rapero español Kase.O [44], que convirtió su legítima voluntad de continuar con los conciertos programados en escenarios vinculados a esta empresa en

---

44 El 30 de mayo de 2025, Kase.O anunció que mantendría sus compromisos con festivales bajo el paraguas de Superstruct y KKR, argumentando que «no actuar no va a salvar ninguna vida ni evitar las masacres». Como era de esperar, la reacción se produjo de inmediato y su *post* recibió centenares de críticas, llamamientos a la solidaridad con el pueblo palestino e insultos. Ante la polémica, el zaragozano comunicó que donaría una parte de sus ingresos, tras cubrir los costes de producción y pagar a su equipo. No dijo qué organizaciones serían las destinatarias de ese dinero ni mencionó cuándo lo haría, pero aprovechó su actuación en el festival Río Babel de Madrid para responder a los reproches calificándolos de «puritanos e inquisidores», y reafirmó su libertad de decisión mientras lanzaba un mensaje de apoyo: *«¡Viva Palestina libre! ¡Stop genocidio!»*.

una defensa de la libertad cuanto menos sorprendente. No es ese grupo de artistas el objeto de este capítulo. En el debate sobre el boicot a estos festivales, el precariado[45] artístico se ha visto de nuevo atrapado entre dos perspectivas que conviven en permanente conflicto: la ética y la realidad material.

En el ámbito cultural y artístico, el precariado está formado por un amplio segmento de profesionales —artistas, intérpretes, equipos técnicos, equipos de producción y gestión cultural— que desarrollan su actividad en condiciones de inestabilidad laboral crónica, ingresos irregulares y ausencia de derechos sociales consolidados. A diferencia de otros sectores, la precariedad no se asocia exclusivamente a la baja cualificación, sino que afecta también a profesionales con alta formación y reconocimiento, cuya carrera depende de contratos temporales, actuaciones puntuales y encargos intermitentes. Este precariado artístico se enfrenta a una economía intermitente, con picos de actividad

---

45 El término *precariado* surge de la combinación de *precariedad* y *proletariado*, y fue popularizado por el economista británico Guy Standing a partir de la década de 2010, especialmente con su libro *El precariado: Una nueva clase social* (2011). Standing lo utiliza para describir la nueva clase social global caracterizada por la inestabilidad laboral, la inseguridad económica y la falta de derechos sociales consolidados. Aunque la palabra ya se había utilizado durante los ochenta en algunos debates sindicales en Francia (*précariat*), es a partir de Standing cuando adquiere una definición teórica sistemática y amplia difusión internacional.

ligados a temporadas de festivales o giras, y largos periodos sin ingresos asegurados. La falta de mecanismos de protección social adaptados a la naturaleza discontinua del trabajo creativo incrementa la vulnerabilidad, forzando a muchos a aceptar condiciones contractuales —y en muchos casos extracontractuales— desfavorables para garantizar su supervivencia profesional. En este contexto, la posibilidad de ejercer una resistencia simbólica cancelando actuaciones por razones éticas queda condicionada por la necesidad de mantener el flujo de ingresos. Así, igual que el hambre está siendo utilizada por el Estado de Israel como arma de guerra en Palestina, la precariedad económica se convierte en una herramienta estructural de control en la industria cultural contemporánea.

Después de semanas escuchando declaraciones, viendo vídeos en vertical y deslizando la pantalla de mi teléfono con la ilusión de llegar al final de los interminables hilos que algunos artistas publicaron en redes sociales para explicar el porqué de su decisión, es difícil encontrar dos posturas que representen mejor las diferentes realidades que se viven dentro del colectivo que las expuestas en los comunicados que emitieron el puertorriqueño Residente y la banda de thrash metal albaceteña Angelus Apatrida. Con tono resignado, leyendo cuidadosamente un escrito acordado por los cuatro miembros de la banda y su equipo, Guillermo

Izquierdo, cantante y guitarrista del grupo, se dirigía a sus fans con estas palabras al respecto de su participación en el 20º aniversario del Resurrection Fest de Viveiro:

> *[...] Este es nuestro único trabajo. No tenemos otro curro, como muchos otros músicos que viven de la música en directo y los festivales. Queremos que entendáis nuestra situación y nuestro punto de vista, y mostramos nuestro apoyo absoluto a quienes se han desvinculado de estos eventos, con todo lo que ello implica. Condenamos con máxima contundencia el genocidio que está sufriendo el pueblo palestino; siempre hemos estado y estaremos del lado de Palestina contra la injusticia y el apartheid. Pero, siendo coherentes, tendríamos que cancelar prácticamente todo —incluso abandonar nuestra discográfica—, porque casi todas las grandes empresas están en manos de firmas de inversión como KKR o BlackRock. Trabajamos en una industria precaria, donde los ingresos por venta de discos son mínimos, y si dejamos de tocar en festivales grandes, nos quedaríamos sin medios para sostener a nuestro equipo técnico. Nadie puede mantener una carrera musical solo con eventos pequeños o autogestionados. No buscamos defender festivales ni empresarios, sino nuestras vidas y las de nuestras familias [...].*

No resulta difícil empatizar con Izquierdo. Cancelar unilateralmente un contrato conlleva riesgos legales y económicos para la mayoría de artistas, ya que los acuerdos firmados con macrofestivales de este tipo suelen estar blindados con cláusulas estrictas de penalización, que incluyen la devolución íntegra de los anticipos ya percibidos, indemnizaciones por daños y perjuicios (producción, promoción y logística) y, en muchos casos, multas contractuales predeterminadas que pueden alcanzar sumas muy elevadas. Además, en una industria tan endogámica, el incumplimiento de un contrato puede acarrear vetos profesionales no solo dentro de la red de Superstruct, sino en otros promotores y agencias dentro y fuera de España. A este coste económico se añade la posibilidad de enfrentarse a litigios judiciales complejos e igualmente costosos, que a menudo se rigen por legislaciones extranjeras, lo que incrementa las barreras para la defensa. Dado que los motivos políticos o éticos rara vez se contemplan como causa de "fuerza mayor" en los contratos, el boicot se convierte en un acto de alto riesgo para la sostenibilidad económica de los proyectos musicales que llevan años bordeando la supervivencia. No debemos olvidar que, en la gran mayoría de los casos, no existe una correlación entre la popularidad y el éxito económico[46].

---

46 Angelus Apatrida son una de las bandas de thrash metal más importantes de la escena europea de los últimos años, con presencia constante en escenarios de todo el mundo y seis de sus ocho discos editados por Century Media, un sello alemán fundado en 1988 y que fue adquirido en 2017 por Sony Music tras desembolsar una suma cercana a los 17 millones de euros.

En el otro extremo del espectro está Residente. El miércoles 9 de julio de 2025, lanzó un vídeo en sus redes sociales donde, con un tono muy diferente al empleado por Guillermo de Angelus Apatrida, cancelaba de forma irrevocable sus actuaciones en el FIB de Benicàssim y en el Morriña Fest de A Coruña. Ambos eventos operan bajo el paraguas de KKR. René, ganador de 25 premios Grammy y, según la web Celebritynetworth.com, poseedor de un patrimonio que ronda los 25 millones de euros, dijo sin titubeos:

> *[...] Estos últimos días he estado inmerso escribiendo un guion en el que estoy trabajando mientras estoy de gira. Al mismo tiempo estoy pasando tiempo con mi hijo, que es realmente lo que me llena el alma y me ayuda a recargar las baterías del agotamiento de los tours. Gracias a mi hermano Gabriel, que dirige mis redes sociales, recientemente aprendí algo de lo que nadie de mi equipo tenía ni puta idea. Así que me puse en contacto con amigos periodistas e investigadores para verificarlo a fondo. Resulta que dos de los festivales en los que me presento, el Festival Internacional de Benicàssim (FIB) y el Morriña Festival, están vinculados con un fondo de inversión con sede en Estados Unidos llamado KKR. Este fondo invierte y apoya económicamente a las empresas israelíes que participan en tecnología militar, vigilancia y sistemas de espionaje, y también financia proyectos inmobiliarios en asentamientos ilegales dentro de los territorios palestinos ocupados, contribuyendo así indirectamente al genocidio*

y a las violaciones sistemáticas de los derechos humanos contra el pueblo palestino. Quiero decir públicamente que no puedo participar, ni un solo segundo, en nada relacionado con esta tragedia, aunque sea de la manera más mínima. Con todo respeto y ofreciendo mis más sinceras disculpas a todos los que compraron entradas para verme, les anuncio oficialmente que no voy a actuar en estos festivales. No sé si esta decisión me traerá consecuencias legales, pero honestamente, no me importa. Mi postura siempre ha sido clara; siempre lo ha sido, y siempre lo será. Gracias por entender. ¡Que viva Palestina libre!

A raíz de este comunicado, Bring The Noise, la promotora del festival gallego, ofreció la devolución de la entrada a todas las personas que así lo solicitaran, alegando un cambio de programación sin ofrecer más explicaciones. BDS Galiza, delegación regional del movimiento BDS, valoró esta cancelación como «una clara muestra de que la presión social funciona» y celebraron la creciente reacción crítica del público hacia festivales vinculados a empresas «que hacen negocio con la opresión y el genocidio del pueblo palestino», según informó Laura Anido en *Público*, el 11 de julio de 2025.

Artistas como ElyElla, Iván Ferreiro, Viva Suecia, Bad Gyal, León Benavente, Los Punsetes, Miss Cafeína, La Casa Azul o Depedro muestran con frecuencia sensibilidad hacia causas sociales y han construido desde hace años discursos públicos progresistas, pero han mantenido sus actuaciones en festivales vinculados a KKR. Igual que sucede con Angelus Apatrida, a la mayoría de artistas la noticia les pilló por sorpresa y con los contratos ya firmados, de modo que se vieron entre la obligación y la pura supervivencia profesional: asumir las penalizaciones contractuales podría comprometer la financiación de giras, el sueldo de sus equipos o la producción de sus nuevos trabajos. Por ello, la mayoría opta por un perfil bajo o muy bajo en redes, con la esperanza de que pase el verano y el tiempo entierre en arena lo incómodo de la situación. Si se deciden por expresar su disconformidad, lo hacen de forma simbólica —mediante declaraciones, mensajes en el escenario o donaciones parciales del caché— en lugar de cancelar sus conciertos.

Este nuevo marco constata la necesidad inaplazable que tiene ante sí la industria para abordar un cambio de paradigma en las relaciones de producción. Una etapa que esté marcada por la transparencia radical sobre la cadena de propiedad y los vínculos empresariales de festivales y promotoras de conciertos; por la aceptación de cláusulas éticas que impidan la relación entre estas empresas con superestructuras implicadas en violaciones de derechos humanos; por el establecimiento de un sistema de fondos de compensación para artistas que decidan cancelar su participación en festivales o giras por motivos éticos; por modelos alternativos de gestión cultural que garanticen al colectivo de artistas su estabilidad más allá de la mera supervivencia mediante cooperativas, festivales de propiedad pública o alianzas comunitarias; y, por último, una etapa en la que se consiga una desinversión progresiva de KKR en sectores armamentísticos y empresas vinculadas a la ocupación de territorios palestinos. La otra posibilidad, la de provocar la retirada de KKR del negocio de la música, se antoja, de momento, inviable.

El papel moral de las y los artistas

Émile Durkheim, considerado uno de los fundadores de la sociología moderna, definió la moral como un sistema de reglas de conducta compartidas que refleja la conciencia colectiva de una comunidad. En obras como *La división del trabajo social* (1893) y *Educación y sociología* (1922), Durkheim sostiene que la moral no es una cuestión individual, sino un hecho social, es decir, un conjunto de normas, valores y obligaciones colectivas que se imponen al individuo desde el exterior y que garantizan la cohesión social. Estas reglas no surgen de decisiones personales: se construyen socialmente y se transmiten a través de instituciones como la escuela, la religión o el derecho.

En las sociedades contemporáneas, atravesadas por la lógica mercantil, la crisis de los vínculos colectivos y la saturación de estímulos, el colectivo de artistas ocupa un lugar simbólicamente privilegiado para ejercer una función moral y crítica de la realidad, e influir en la configuración de esas normas no escritas. Por este motivo, lejos de limitarse a la producción estética, su trabajo puede operar como una forma de intervención ética en los debates públicos, señalando las contradicciones del presente y visibilizando realidades excluidas.

La filósofa posestructuralista[47] Judith Butler sostiene que el arte puede «hacer pensable lo que parecía imposible de imaginar», al abrir un espacio para el duelo, la empatía y la reflexión ante lo intolerable.

---

47 El posestructuralismo es una corriente teórica surgida en Francia entre los años sesenta y setenta que cuestiona las estructuras estables de significado, la centralidad del sujeto y la idea de verdades universales. Autores como Foucault, Derrida o Barthes sostienen que el lenguaje es inestable, el saber está atravesado por el poder y todo texto admite múltiples interpretaciones. Rechaza los grandes relatos y propone una lectura crítica de los discursos dominantes, siendo clave en los estudios culturales, literarios y sociales contemporáneos.

En esa línea, autores como Jacques Rancière proponen entender el arte como un «reparto de lo sensible», es decir, como una práctica que configura qué puede ser visto, dicho o sentido en un momento histórico determinado. Así, los artistas no solo producen objetos, sino también formas de percepción, discursos y afectos que pueden contribuir a la transformación cultural. En un contexto donde el arte es frecuentemente cooptado por intereses financieros, la decisión de algunas y algunos artistas de no colaborar con estructuras extractivas o simbólicamente cómplices —renunciando a actuar en festivales financiados por fondos de inversión implicados en conflictos éticos, por ejemplo— no es una mera toma de postura personal, se trata de una acción moral con implicaciones colectivas. Como sugiere bell hooks —recordatorio: en minúsculas por decisión de la propia autora para destacar las ideas por encima de la autoría—, la práctica artística comprometida tiene el poder de cuestionar las jerarquías dominantes y de abrir espacios de resistencia en medio del espectáculo capitalista.

El papel moral de las y los artistas en las sociedades contemporáneas, por tanto, es esencial: no solo crean imágenes, sonidos o narrativas, también ayudan a visibilizar lo silenciado y a interpelar las estructuras de poder desde una posición simbólica que combina sensibilidad, imaginación y responsabilidad. Su obra

—aunque no sea explícitamente política— puede provocar debates éticos y despertar la empatía social, no desde la superioridad, sino desde el compromiso con su contexto.

To Pimp a Butterfly (Interscope, 2015) no es únicamente un buen disco en el que Kendrick Lamar reunió a un puñado de músicos extraordinarios para darse un paseo por el hip hop, el jazz, el funk, el soul y cualquier otro estilo relacionado con la comunidad afroamericana. A través de sus letras, Lamar interpela directamente al poder institucional, al racismo estructural y a los mecanismos de marginación; pero lo hace desde una posición simbólica, poética y emocional, combinando sensibilidad estética con una profunda responsabilidad ética. Temas como «Alright» se convirtieron en himnos de las protestas de Black Lives Matter, volviendo a demostrar la capacidad de la música para convertirse en herramienta de transformación social sin renunciar a su capacidad lúdica o a su potencial comercial. Según el portal ChartMasters.org, *To Pimp a Butterfly* ha vendido aproximadamente 2,1 millones de copias en todo el mundo, después de debutar en el número uno en Reino Unido, Australia y Estados Unidos.

En el mismo continente, pero más al sur, las canciones del desaparecido grupo Calle 13 siguen siendo piezas de resistencia simbólica que reivindican la dignidad de los pueblos latinoamericanos, denuncian el colonialismo económico y cultural estadounidense y visibilizan desde la poesía las desigualdades históricas de la región. La última vez que lo miré, el vídeo de «Latinoamérica» acumulaba 237 millones de visualizaciones en el canal oficial de la banda. Con un lenguaje cargado de imágenes poéticas y referencias culturales, Residente redibuja el orgullo identitario en una clara toma de postura ética, invitando a reflexionar y confrontar estructuras de poder.

La obra de Ana Tijoux, rapera chilena nacida en Francia, se caracteriza por una crítica directa a las estructuras neoliberales, la desigualdad de género y el colonialismo cultural, visibilizando las luchas sociales en América Latina y dando voz a las mujeres, los pueblos oprimidos y las clases marginadas. Tijoux transforma la rabia en discurso poético directo, y canciones como «Antipatriarca» o «Shock» han sido utilizadas por movimientos feministas de diferentes países y siguen siendo la banda sonora de múltiples protestas sociales.

En España, *Puta* (G.O.Z.Z., 2021), el sexto disco de Zahara, marcó un antes y un después en la carrera de la artista jienense. Con una crudeza inédita en sus trabajos anteriores, Zahara realiza una intervención profunda sobre el machismo, los abusos sexuales, la culpa y el poder patriarcal desde una narrativa personal y al mismo tiempo política, utilizando el pop melódico y la electrónica como formas expresivas de resistencia.

«Merichane», la canción más emblemática de las once que completan *Puta,* visibiliza experiencias de violencia que históricamente han sido silenciadas y que son difíciles de encontrar en la obra de otras artistas de su generación. Puntuales a su cita con la intransigencia, los sectores ultraconservadores de la sociedad española trataron de censurar el cartel de la gira —que mostraba a Zahara como una virgen demacrada vistiendo una banda de *miss* de raso azul con la palabra *puta* bordada en dorado— y en algunos casos lo consiguieron, como en Toledo, donde el ayuntamiento retiró la imagen de su página web. «La única respuesta que voy a dar a lo que ha sucedido va a ser cantando, defendiendo el arte, defendiendo la música y defendiendo la libertad de expresión», dijo en aquella ocasión, demostrando el poder simbólico de su discurso.

Por supuesto, hay centenares de ejemplos más del papel moral que ejercen las y los artistas de la industria musical en sus respectivas sociedades, pero estos sirven para ilustrar y entender mejor el planteamiento teórico que ofrece la sociología al respecto. Este papel no es una obligación universal ni debe entenderse como imposición ideológica, pero en momentos de intensificación del cinismo o del control cultural por parte de intereses financieros, el arte cobra valor como espacio de crítica, cuidado y memoria colectiva. Desde el punto de vista de la economía moral, además, las y los artistas se entienden como agentes que pueden legitimar o cuestionar públicamente algunas prácticas económicas. Su participación en festivales organizados por promotoras como Superstruct Entertainment no es neutral y constituye un acto de una carga moral innegable, más allá de la legalidad contractual y de las realidades materiales a las que se enfrentan. Bajo esta perspectiva, lo relevante es si la comunidad percibe dicha acción como justa, solidaria o coherente. Su presencia, su silencio o su protesta son leídos por el público como actos morales, poniendo de manifiesto el papel crucial que desempeñan en la construcción de una cultura más justa, desde dentro del sistema o en resistencia frente a él.

Por supuesto, el colectivo de artistas no es inmune a las contradicciones ni a las incoherencias. No se debe olvidar que, si bien la formación ética y política es un organismo en constante aprendizaje y transformación, las diferentes realidades materiales y el miedo a perder un estatus conseguido a lo largo de toda una carrera —traducido en capital social: número de seguidores en redes sociales, percepción pública, contratos discográficos, contactos con agencias de *management*, de *booking*, colaboraciones con marcas— establecen una agenda que, en ocasiones, contradice los discursos sostenidos en diferentes momentos por esa o ese artista. Cuesta entender, sin embargo, la falta absoluta de posicionamiento crítico con respecto a Superstruct

y su vinculación con las violaciones del derecho internacional en Gaza, vía KKR. El silencio ayuda al blanqueamiento cultural del capital especulativo porque
los macrofestivales que pueblan la geografía española
son, sin excepción, plataformas de valorización simbólica del capital financiero. Basta con echar un vistazo
al puzle de marcas éticamente cuestionables que, cada
año, vinculan su estrategia de *marketing* al poder de
atracción de estos macroeventos, no solo en España,
sino en el resto del mundo: bebidas alcohólicas que
intensifican un problema grave de salud pública (física
y mental) asociado al consumo de esta droga, especialmente entre los más jóvenes, que son los que acuden
en masa a la llamada de los festivales; bancos y cajas de
ahorros; marcas de ropa con producción deslocalizada
que se amparan en sistemas jurídicos de países en desarrollo donde no se respetan los derechos laborales para
fabricar más rápido y a menor coste; universidades privadas, a las que las administraciones locales y autonómicas llevan años subvencionando con dinero público
a costa de la descapitalización de la universidad pública; empresas hidroeléctricas y de hidrocarburos, que
buscan desvincularse de su responsabilidad en temas

medioambientales a través de un *musicwashing*[48] de manual; portales inmobiliarios y plataformas de viviendas vacacionales, responsables directos y colaboradores necesarios del problema habitacional que sufren las ciudades en todo el mundo.

La presión de artistas y público frente a estos patrocinios es fundamental para revertir una realidad que se presenta a sí misma como inevitable. No obstante, hay ejemplos recientes que invitan al optimismo. Conviene no olvidar que, sin música en sus escenarios y sin público que consuma dentro de su recinto, los festivales no tienen razón de ser; sus beneficios no vienen de la venta de entradas, sino de la recaudación de las barras. Por este motivo, las empresas organizadoras de estos macroeventos prefieren perder a uno o dos patrocinadores que a su público.

---

48 En el artículo *«Music-washing: Why are international acts performing in Qatar?»* (*Musicwashing*: ¿Por qué artistas internacionales están actuando en Catar?), publicado por la revista *The Face* el 23 de noviembre de 2022, se analiza cómo grandes figuras de la música internacional participaron en conciertos organizados durante el Mundial de Catar 2022, lo que enmarca una renovada estrategia de blanqueamiento cultural y político (*musicwashing*). Se señala que este fenómeno busca suavizar la imagen del país anfitrión ante una opinión pública crítica por su historial en derechos humanos: criminalización de la homosexualidad, restricciones a las mujeres y la mortalidad de trabajadores migrantes —más de 6500 fallecidos en la construcción de infraestructuras del torneo—. Catar invirtió más de 200 mil millones de dólares en el evento, superando el costo de todos los Mundiales y Juegos Olímpicos anteriores combinados, a fin de reforzar su reputación global. En este contexto, la música emerge como un nuevo vector de poder simbólico para contrarrestar las críticas políticas y humanitarias.

En 2024, los festivales británicos Download, Isle of White y Latitude —todos ellos organizados por Live Nation—, dejaron caer a Barclays de su nómina de empresas patrocinadoras, después de que bandas y público denunciaran las inversiones del banco en empresas armamentísticas que abastecen al ejército de Israel en el genocidio que está perpetrando en Gaza. Ese mismo año y también en Reino Unido, el Hay Festival —uno de los eventos de literatura e ideas más importantes del mundo, con diferentes sedes internacionales— se deshizo de su patrocinador principal, la gestora de inversiones Baillie Gifford, después de la cancelación de artistas como medida de protesta y la presión del público denunciando los vínculos de la compañía con la industria de los combustibles fósiles y empresas relacionadas con el Estado de Israel. El efecto dominó no se detuvo ahí: Baillie Gifford también retiró su patrocinio del Edinburgh International Book Festival, ante la presión de las protestas de colectivos climáticos liderada por Fossil Free Books[49], que no admitían el *greenwashing* que pretendía hacer el patrocinador.

---

49 Fossil Free Books es un colectivo activista surgido en el Reino Unido en 2023, integrado por escritores, editores, traductores y profesionales del sector editorial. Su objetivo es presionar a festivales literarios, editoriales y premios para que rompan vínculos con empresas que invierten en combustibles fósiles o que mantienen relaciones con industrias y estados implicados en violaciones de derechos humanos.

En 2025, el festival de música más importante de Estados Unidos, el South by Southwest (SXSW)[50], que reúne a artistas, público y miles de profesionales de la industria llegados de todo el mundo, decidió poner fin a su colaboración con el Ejército de Estados Unidos y la empresa de defensa RTX Corporation, después de que más de 80 bandas y solistas anunciaran su negativa a participar en el evento como protesta por estos patrocinios, vinculados al genocidio en Gaza.

Según datos de la web Sympathyforthelawyer.com, en España se organizan entre 850 y 1000 festivales al año, la mayoría de ellos en los meses de verano. Una climatología favorable y la exitosa promoción de esta actividad desde las consejerías locales y autonómicas de turismo, más que de cultura, sitúan a España en la tercera posición de países que albergan más festivales de toda Europa, únicamente por detrás de Reino Unido

---

50 South by Southwest (SXSW) es un festival y conferencia anual que se celebra desde 1987 en Austin, Texas (Estados Unidos), y que reúne música, cine, medios interactivos, tecnología y emprendimiento. Nacido como un encuentro centrado en la escena musical independiente, con el tiempo se expandió hasta convertirse en uno de los eventos culturales y de *networking* más influyentes del mundo, atrayendo a miles de artistas, profesionales y empresas. Su modelo combina *showcases*, proyecciones, charlas y exposiciones, funcionando como plataforma de lanzamiento para nuevos talentos y tendencias. SXSW es también un motor económico clave para la ciudad de Austin, aunque en los últimos años ha enfrentado críticas por su creciente comercialización y por patrocinios polémicos, como los vinculados a la industria armamentística.

(incluida Irlanda) y Alemania. Sin embargo, hasta el momento en el que se escriben estas líneas —agosto de 2025—, y salvo error u omisión, se han registrado un total de cero casos de patrocinadores expulsados de un festival por la presión ejercida por artistas y público, frente a las conexiones, directas o indirectas, de esas marcas con el cambio climático o con empresas que incumplen los derechos humanos en alguna parte del planeta. No hablo de este año, sino de toda la historia de los festivales españoles.

Nada de lo que añada sirve de atenuante: las y los artistas, actuando en esos escenarios, refuerzan la legitimidad pública de una estructura que opera bajo lógica de rentabilidad, no de cultura. Su presencia contribuye al *branding* cultural, que señalaba Naomi Klein, y a su aceptación social. Desconocer las estructuras empresariales detrás de los festivales no exime de la responsabilidad. Informarse de quién organiza, financia y se beneficia de un evento cultural es parte de la responsabilidad ética de cualquier agente público. En la tradición de la economía moral, las y los artistas no son solo trabajadores: son generadores de legitimidad. Su elección de actuar, callar o protestar tiene efectos culturales. En tiempos de crisis como el actual, su papel es doblemente relevante.

Aunque sea obvio, voy a explicitarlo: el objetivo de este texto no es cancelar, sino interpelar. Las y los artistas ostentan un poder simbólico y pueden ejercerlo de forma coherente, ética y emancipadora. Existen alternativas: festivales independientes, redes autogestionadas, plataformas críticas y, sobre todo, la capacidad de imaginar una realidad mucho mejor que la presente, al mismo tiempo que se cuentan con las herramientas necesarias para transformarla. Actuar con conciencia es el primer paso hacia una cultura verdaderamente transformadora.

Oyentes pasivos

Tengo la sensación de que perdimos la batalla el mismo día que se produjo el milagro: tener a un golpe de clic toda la música que se ha grabado nunca. Como en todos los procesos, la industria pasó por diferentes fases desde el año 2000, el momento en el que más discos físicos se vendieron en toda la historia de la música grabada. Según datos de la Recording Industry Association of America (RIAA), solo en Estados Unidos pasaron por caja más de 940 millones de CD ese año. Tras tocar techo, sobrevino un período de incertidumbre en el que artistas, discográficas y público hicieron cada uno la guerra por su cuenta: Metallica demandó a Napster en abril de ese mismo año[51]; Sony puso millones de discos en el mercado que, con la excusa de prevenir la piratería, dañaban los sistemas operativos de los ordenadores donde intentaban reproducirse[52]; se aprobó el canon digital en España[53], tratando a cada persona que

---

51 En 2000, Metallica demandó a Napster, la popular plataforma de intercambio de archivos P2P, acusándola de permitir la descarga no autorizada de su música, incluido el tema «I Disappear» antes de su lanzamiento oficial. La banda, junto con otras figuras de la industria musical, argumentó que Napster violaba los derechos de autor y perjudicaba las ventas. El caso derivó en una orden judicial que obligó a Napster a bloquear el acceso a material protegido, marcando un hito en los conflictos entre la industria discográfica y las nuevas tecnologías de distribución digital.

52 En 2005, Sony BMG fue acusada de instalar de forma encubierta un *rootkit* en ordenadores con Windows a través de algunos de sus CD musicales. Este software, diseñado como sistema de gestión de derechos digitales (DRM), se activaba automáticamente al reproducir el disco, ocultando sus procesos e impidiendo su fácil desinstalación. Además de vulnerar la privacidad del usuario, abría graves fallos de seguridad que podían ser explotados por malware. La polémica derivó en demandas colectivas, la retirada de millones de CD y un serio daño reputacional para Sony.

53 El canon digital en España es una compensación económica destinada a los autores por las copias privadas de sus obras realizadas en soportes como CD, DVD o dispositivos electrónicos. Introducido en 2007, gravaba la compra de estos soportes para financiar a entidades de gestión de derechos. Fue muy polémico por aplicarse incluso a material adquirido para uso profesional, sin relación con la copia de obras protegidas. En 2011, el TJUE lo declaró contrario a la normativa europea, lo que llevó a su reforma en 2012 y a un nuevo sistema de compensación con cargo a los Presupuestos Generales del Estado desde 2017.

comprase un CD grabable, un disco duro o una memoria USB como potenciales delincuentes; las calles de las principales ciudades de España se convirtieron durante años en tiendas improvisadas de discos pirata, fenómeno que llegó a conocerse con el nombre de *top manta*, en referencia a la tela donde almacenaban la mercancía las personas que vendían esos discos[54]; se popularizó la descarga masiva de archivos mp3, especialmente en los segmentos más jóvenes de la población, alterando para siempre la percepción de millones de personas del vínculo que se articula entre el precio, el coste y el bien cultural de la música. El *streaming* fue la solución que la propia industria encontró para poner un poco de orden dentro del caos: logró encauzar la recaudación de derechos por reproducciones, al tiempo que dinamizó el consumo —de canciones más que de discos completos— en todas las franjas de edad, forzando a las discográficas a diversificar su negocio y a lanzarse en plancha al mercado de la música en vivo para compensar los ingresos que ya no facturaban gracias a las ventas físicas, siguiendo una estrategia planificada en despachos de Nueva York, Miami, Los Ángeles, Londres y Estocolmo.

---

54 El fenómeno se convirtió en un símbolo del conflicto entre derechos de autor, precariedad laboral y acceso popular a la cultura, y fue objeto de intensos debates sociales y legislativos.

En enero de 2025, Luminate[55] publicó su *Year-End Music Report 2024*, en el que se analizan las dinámicas globales del consumo musical. El informe subraya un incremento del 17,3 % en el consumo de música en *streaming*, que alcanzó los 4,8 billones de reproducciones, un 14 % más que en 2023. El estudio también revela la magnitud de la oferta: en 2024 se añadieron en promedio 99 000 nuevas canciones diarias a las plataformas digitales, lo que equivale a 202 millones al año, de las cuales cerca de medio millón superaron el millón de reproducciones. Sin embargo, la distribución de los ingresos continúa siendo profundamente desigual: apenas el 2,6 % de los artistas en Spotify generaron más de 960 euros anuales por sus reproducciones, y únicamente un 5,2 % de los 11,3 millones de artistas alcanzó los 1000 oyentes mensuales.

---

55 Luminate es una empresa estadounidense de análisis y medición de la industria del entretenimiento, especializada en datos musicales, televisivos y de medios digitales. Es el referente en la medición del mercado musical y cultural a nivel mundial, proporcionando datos fiables que utilizan sellos discográficos, promotores, medios y artistas para evaluar el impacto de su obra y el comportamiento de la audiencia. Se trata de la evolución de MRC Data y de Nielsen SoundScan, compañías históricas en la recopilación y procesamiento de estadísticas de consumo cultural. En el ámbito musical, Luminate es la entidad encargada de recopilar y procesar las cifras oficiales de ventas y reproducciones en Estados Unidos, incluyendo la gestión de la histórica lista Billboard. Su trabajo abarca tanto el consumo digital (*streaming*, descargas) como el físico (CD, vinilo), además de la monitorización de tendencias globales de escucha y audiencias.

En el Reino Unido, la Digital Entertainment and Retail Association (ERA)[56] informó que el gasto musical en 2024 creció un 7,4 %, alcanzando los 2825 millones de euros, una cifra superior a la registrada en 2001. Las suscripciones a servicios de *streaming* representaron la mayor parte del mercado, con un aumento del 7,8 % hasta situarse en 2388 millones de euros, equivalentes al 84,5 % del gasto total. El formato físico experimentó un repunte del 6,2 %, alcanzando los 390 millones de euros, mientras que las descargas digitales siguieron su declive con una caída del 3,2 %, situándose en 48,8 millones. Cabe señalar que, respecto al año anterior, el ritmo de crecimiento de la música fue menor: en 2023, el *streaming* había aumentado un 12,8 %, representando el 87,7 % del consumo de música grabada.

---

56 La Digital Entertainment and Retail Association (ERA) es la asociación comercial del Reino Unido que representa a minoristas y distribuidores de entretenimiento digital y físico, incluyendo música, videojuegos, cine y televisión. Fundada en 1998, agrupa a las principales plataformas de *streaming*, cadenas de distribución, tiendas independientes y grandes superficies. Su función principal es defender los intereses de la industria del entretenimiento ante instituciones y reguladores, además de publicar informes anuales y estudios de mercado que analizan las tendencias de consumo en música grabada, juegos y vídeo. Estos informes son una referencia clave para entender la evolución del sector cultural y su impacto económico en el Reino Unido.

En Estados Unidos, un informe de *Digital Music News*[57] publicado en diciembre de 2024 señaló un estancamiento en la evolución de las suscripciones a servicios digitales de música. Spotify, por ejemplo, registró 23,96 millones de suscriptores individuales en septiembre de 2024, lo que supone un ligero aumento interanual de 300 000 usuarios, pero una caída de 431 000 respecto a febrero del mismo año. Estudios complementarios de *Reviews* atribuyen esta contracción a la denominada «fatiga de *streaming*», que afecta al 27,8 % de los consumidores, así como al desplazamiento del gasto hacia televisión por cable y satélite. No obstante, el consumo de música grabada continuó al alza, con un incremento del 15,1 % respecto al primer semestre de 2023, y el 65 % del gasto musical mensual se dirigió a la música en vivo.

---

57 Digital Music News (DMN) es un medio de comunicación digital especializado en la industria musical global que se centra en el análisis de las transformaciones económicas, tecnológicas y legales que afectan al sector, con especial atención al impacto del *streaming*, las plataformas digitales, los derechos de autor y los cambios en los modelos de negocio. Se ha consolidado como una de las fuentes más influyentes para profesionales de la música, artistas, ejecutivos, inversores y periodistas, al publicar informes exclusivos, filtraciones de datos, investigaciones y noticias de última hora sobre compañías como Spotify, Apple Music, YouTube, Live Nation o TikTok.

Por su parte, en España, los datos del Instituto Autor[58] muestran que los ingresos derivados del consumo de música grabada crecieron un 16,6 % en la primera mitad de 2024, siendo la música digital el principal vector de crecimiento, con un incremento del 18,8 % respecto al año anterior.

El cambio de paradigma no ha sido únicamente tecnológico, ha afectado para siempre a la relación entre la música y quien la escucha: ya no es necesario salir en su búsqueda ni hace falta gastarse el dinero en discos para disfrutar de ella, sino que ahora es la música la que sale al encuentro de su público, a través de notificaciones y algoritmos entrenados para que nos pasemos horas dentro de las plataformas. Nunca se ha escuchado más música que ahora y, al mismo tiempo, nunca se ha tenido menos interés por lo que suena como ahora. La proactividad que antes era condición obligatoria para profundizar en la carrera de artistas y bandas para combatir la escasa información de la que disponíamos ha sido sustituida por el esfuerzo mínimo que requiere una búsqueda rápida en internet. La horizontalidad a la que el *streaming* ha condenado a los diferentes géneros —todo es lo mismo: todo son canciones— ha provocado

---

58 El Instituto Autor es un centro de investigación creado por la SGAE en 2005, dedicado al estudio, difusión y formación en materia de derechos de autor y propiedad intelectual, a través de informes, publicaciones y actividades educativas.

la descontextualización del mensaje que encierra cada una de esas canciones, a veces hasta llegar a la parodia: no son pocos los perfiles en redes sociales que se siguen quejando públicamente al descubrir que las letras de Rage Against The Machine encierran un mensaje político. La respuesta de Tom Morello, fundador y guitarrista de la banda de Los Ángeles, al primer valiente que posteó una crítica en esa dirección, debería llevar años enmarcada y colgada en algún museo de arte contemporáneo. El 6 de septiembre de 2020, Scott Castaneda mostró su descontento en un tuit donde citaba directamente al guitarrista:

> *Era fan hasta que se han publicado tus opiniones políticas. La música es mi santuario y lo último que quiero es tener que oír gilipolleces políticas mientras la escucho. En lo que a mí respecta, Pink y tú estáis acabados. Sigue hablando y te quedarás sin fans.*

A lo que Morello contestó:

> *Scott!! ¿De qué música mía que no incluyera gilipolleces políticas eras fan? Necesito saberlo para poder borrarla de mi catálogo.*

El auge de las plataformas ha transformado nuestra manera de escuchar la música. El diseño algorítmico de estas herramientas busca la escucha pasiva mediante la delegación total de la selección musical a un conjunto de operaciones matemáticas cada vez más afinadas, reduciendo al mínimo el esfuerzo de búsqueda y selección.

El funcionamiento de Spotify se basa en sistemas de recomendación híbridos que combinan análisis colaborativo (usuarios con gustos similares), filtrado basado en contenido (timbre, tempo, tonalidad, metadatos) y aprendizaje automático aplicado al comportamiento de millones de usuarios. El resultado se materializa en listas automáticas como *Discover Weekly* o *Release Radar*, y en un sinfín de *playlists* editoriales y algorítmicas que se actualizan sin intervención directa del usuario. Según un informe de Spotify for Artists (2022), más del 60 % del tiempo de escucha en la plataforma se produce dentro de *playlists*, lo que muestra que la mayoría de usuarios no buscan canciones de manera activa, sino que consumen lo que se les presenta como flujo continuo. Este fenómeno, conocido como *lean-back listening* (escucha pasiva), convierte la música en un flujo de fondo que acompaña otras actividades. Frente a ello, la *lean-forward listening* (escucha activa) describe un consumo intencional, en el que el oyente busca, elige y se implica en la experiencia.

La escucha pasiva también se relaciona con el fenómeno de la sobrecarga de elección. Como ya hemos visto, cada día se suben en torno a 100 000 canciones nuevas a los servicios de *streaming*. Ante esta abundancia, el algoritmo cumple un rol de filtro que alivia la ansiedad del usuario: en vez de decidir entre un catálogo casi infinito, basta con aceptar la mediación de la plataforma. Desde un punto de vista técnico, este proceso se sostiene en la normalización del flujo continuo, donde la música está pensada para no interrumpirse, similar a un *feed* de redes sociales. La consecuencia es doble. Por un lado, se facilita la accesibilidad, reduciendo el esfuerzo de encontrar música nueva: basta con dejar que la aplicación proponga canciones en función del estado de ánimo, la actividad (ejercicio, estudio, descanso) o las tendencias colectivas. Por otro lado, esta mediación fomenta una uniformización del consumo: los algoritmos priorizan canciones con estructuras similares, duraciones cortas y alto potencial de *skip-avoidance* (baja probabilidad de ser saltadas en los primeros 30 segundos). Estudios de Bridge Ratings Media Research[59] (2025) señalan que la música diseñada para *playlists* —con intros cortas y climas sonoros homogéneos— domina cada vez más las métricas de éxito en plataformas.

Para favorecer esa escucha pasiva, las plataformas han invertido tiempo y recursos en desarrollar una

---

59 Bridge Ratings Media Research es una firma especializada en el análisis del comportamiento del público en medios, con un enfoque destacado en audio y música. También desarrollan herramientas propias como StreamStats, que analiza patrones de consumo en *streaming*.

serie de herramientas que guíen el comportamiento de los usuarios dentro de la aplicación. Funciones como el *autoplay*, las listas automáticas tipo *Daily Mix* o *Discover Weekly* y las *playlists* temáticas como *Peaceful Piano* o *Chill Hits* desplazan la decisión del oyente al algoritmo. Según un estudio de MIDiA Research[60] de 2025, apenas un 18 % de usuarios crean sus propias *playlists* de forma habitual: la mayoría consume listas preconfiguradas. El resultado es un consumo cómodo, pero también homogéneo, donde el artista pierde protagonismo y la música se percibe como intercambiable.

Esta tendencia tiene consecuencias culturales y económicas notables. Spotify paga entre 0,003 y 0,005 dólares por reproducción; un artista necesita unas 250 000 escuchas para generar apenas 1000 dólares. Sin embargo, de acuerdo con el Luminate Year-End Music Report (2024), solo el 2,6 % de los artistas en la plataforma superó esa cifra anual en 2024. La mayoría queda atrapada en la precariedad, sin posibilidades de sostener una carrera profesional. Como ya se dijo en la primera parte de este ensayo, el problema se acentúa con el modelo de reparto de royalties (pro-rata), que concentra el dinero en los artistas más escuchados del mundo.

---

60 MIDiA Research es una firma británica especializada en análisis de mercado e inteligencia estratégica enfocada en los sectores del entretenimiento digital: música, cultura creativa, videojuegos, plataformas de *streaming* y *creator economy*.

De este modo, el suscriptor que paga 10 euros al mes no financia directamente a los músicos que escucha, sino que su aportación se diluye proporcionalmente entre superestrellas como Taylor Swift, Bad Bunny o Drake. La escucha pasiva, mayoritaria, refuerza esta concentración: quienes entran en grandes *playlists* editoriales como RapCaviar pueden multiplicar sus oyentes, mientras que quienes quedan fuera caen en la invisibilidad.

Otro fenómeno que ilustra el peso de la escucha pasiva es el del *background music* o música de fondo. Según Bridge Ratings (2025), más del 60 % de las horas de reproducción en Spotify se producen en contextos de música de fondo. *Playlists* de estudio, relajación o concentración acumulan millones de *streams* con canciones genéricas y baratas, a menudo creadas por productores anónimos o pseudónimos encargados por la propia plataforma, y últimamente incluso con inteligencia artificial. Esto reduce los pagos a artistas reconocibles y desvaloriza el trabajo creativo, ya que lo importante es que la música "acompañe" sin molestar, no que sea memorable o disruptiva.

Durante la pandemia, Spotify, Apple Music y YouTube observaron un aumento en el consumo de *playlists* de *ambient*, minimalismo y música instrumental relajante, diseñadas explícitamente para acompañar rutinas domésticas de confinamiento: teletrabajo, meditación o simplemente calmar la ansiedad. En Spotify, listas como *Peaceful Piano, Deep Focus* o *Sleep* se encontraban constantemente entre las más escuchadas a nivel global. El informe de la propia plataforma indicó que, en abril de 2020, las *playlists* asociadas a la calma y relajación crecieron en reproducciones diarias hasta un 40 % en comparación con el trimestre anterior. Dentro de este fenómeno, el minimalismo de Philip Glass adquirió nueva relevancia. Obras como *Glassworks* o *Solo Piano* empezaron a figurar de manera recurrente en *playlists* de *classical minimalism* y *focus music*, compartiendo espacio con otros referentes como Max Richter o Steve Reich. Su estética repetitiva y meditativa encajó perfectamente en el modo de escucha pasiva que predominó en la pandemia. De hecho, según datos recogidos por Apple Music Classical, Glass estuvo entre los cinco compositores más programados en *playlists* curadas de música contemporánea en 2020-2021.

El auge de la música *ambient* fue aún más llamativo: nombres como Brian Eno, Harold Budd (quien falleció en diciembre de 2020, lo que impulsó un repunte masivo de escuchas de discos como *The Pearl*) o artistas más recientes como Nils Frahm y Ólafur Arnalds se situaron en el centro del consumo pandémico. Frahm, por ejemplo, lanzó *Empty* (Erased Tapes, 2020) durante el confinamiento, un álbum minimalista que se convirtió en uno de los más reproducidos dentro de la categoría *modern classical* en Spotify y Bandcamp.

En paralelo, YouTube vio crecer vídeos con títulos como *Philip Glass 3 hours for studying* o *Ambient Music for Sleep and Relaxation*, algunos superando los 10 millones de visitas en 2020. Esto confirma que el fenómeno no fue solo de catálogo clásico, sino también de resignificación del *ambient* como "música de supervivencia emocional".

Históricamente, esta tensión no es nueva. La radio comercial en los años sesenta priorizaba canciones de tres minutos aptas para la rotación masiva, pero artistas como The Beatles respondieron con álbumes conceptuales que exigían escucha atenta. Hoy ocurre algo parecido: la norteamericana Billie Eilish combina su presencia en *playlists* pasivas con la escucha activa de millones de fans que consumen sus discos completos, mientras que muchos productores de *lo-fi beats* acumulan cifras astronómicas sin construir comunidad ni identidad artística.

Las implicaciones culturales y políticas son claras. Canciones como «Alright» de Kendrick Lamar o «Latinoamérica» de Calle 13 se convirtieron en himnos de protesta porque fueron escuchadas activamente, en contextos de movilización social. Difícilmente un tema insertado en la lista *Chill Vibes* podrá generar el mismo impacto simbólico. La música como resistencia requiere atención, diálogo y apropiación comunitaria: lo opuesto a la escucha pasiva de fondo. El reto es cultural: pasar de un consumo cómodo y pasivo a una escucha comprometida y consciente. En términos económicos, la diferencia es abismal: un oyente pasivo aporta fracciones de céntimo; un oyente activo que compra un disco digital en Bandcamp, adquiere *merchandising* o asiste a un concierto sostiene de forma real la carrera de un artista.

El dominio del *lean-back listening* refleja una economía de escala favorable a plataformas y grandes estrellas, pero devastadora para la mayoría de los músicos. Recuperar la escucha activa no es solo un acto estético o nostálgico: es una forma de resistencia económica y política que puede devolver sostenibilidad y sentido a la música, al mismo tiempo que puede favorecer a la toma de conciencia de un público que ha accedido a ella por la vía más sencilla. La elección, al final, está en manos del público: ¿queremos que la música siga siendo ruido de fondo o que sea una fuerza capaz de transformar identidades, comunidades y realidades sociales?

Según Geoff Luck, de la Universidad de Jyväskylä, desde finales del siglo XIX la música ha transitado hacia una experiencia cada vez más pasiva —muchos la escuchan sin siquiera darse cuenta de que está sonando—, y se consume un promedio de casi cuatro horas diarias, lo que equivale a 13 años de la vida total de una persona. En tiempos de las plataformas digitales, este comportamiento ha escalado: Spotify identifica claramente a los oyentes pasivos, aquellos usuarios que ni se preocupan por la calidad artística del contenido ni se cuestionan por qué determinadas canciones llegan a su *feed*. A medida que el consumo descansa cada vez más en las recomendaciones algorítmicas, la participación consciente disminuye radicalmente.

Los datos son contundentes: según informes de 2025, los usuarios de la versión gratuita de Spotify tienen 3 veces más probabilidades de escuchar música de fondo que los suscriptores de pago. Además, solo el 13 % escucha música como actividad exclusiva; el resto lo hace mientras realiza otras tareas. Según Bridge Ratings Media Research, el consumo de radio o música en *streaming* sin atención degrada la experiencia al convertir obras musicales en mero fondo sonoro, un escenario ideal para las plataformas, pero no tanto para la cultura. Las plataformas han consolidado este modelo de escucha y para muchos artistas y críticos, esta práctica representa una amenaza. Cuando la música deja de ser valorada como discurso artístico —texto, emoción, narrativa—, la conexión entre artista y público se resiente.

En otro estudio de MIDiA Research se afirma que el *streaming* ya no sirve para construir una base sólida de seguidores: más bien es un indicador de éxito superficial. El uso pasivo no está diseñado para fidelizar, sino para retener al usuario en la plataforma. Además, las monetizaciones algorítmicas impulsan canciones cortas, con *hooks* instantáneos y fáciles de ignorar, privilegiando la repetición sobre el significado. En este contexto, el oyente pasivo se convierte en un sujeto difícil de movilizar éticamente. Si gran parte del consumo musical ocurre sin intención, ¿cómo esperar que ese mismo público cuestione la financiarización del sector o se organice para protestar contra determinados patrocinadores? Aquellos que escuchan de fondo difícilmente perciben las tensiones estructurales, como la entrada de fondos de inversión en festivales o catálogos artísticos, salvo que un conflicto determinado logre saltar a la esfera pública y se convierta en *trending topic* por un rato.

Un paseo por cualquier macrofestival nos devuelve una escena invariable: una gran parte del público está a otra cosa. Salvo cuando actúan las bandas más conocidas, el resto del tiempo la gente hace cualquier otra actividad que no sea asistir a un concierto. La diversión no la provoca la música, sino factores ajenos a ella: macroeventos musicales como actividad social descontextualizada, la narrativa de las redes sociales o una vida cada vez más orientada a la espectacularización del ocio. Esta desatención allana el terreno para que fondos como KKR inviertan en la industria del directo sin contestación social inmediata, porque el vínculo emocional con la música está roto.

Por supuesto, hay un porcentaje pequeño de público activo e intencional que busca profundizar en el universo del artista, compra *merchandising*, entiende las políticas de propiedad cultural y sostiene una posición crítica frente a las dinámicas turbocapitalistas, pero es una minoría y, de un tiempo a esta parte, evita pisar esos macrofestivales.

Consecuencias ideológicas de convivir con superestructuras turbocapitalistas en la música en directo

Hay una canción que no recuerdo haber escuchado nunca cuyo título siempre me ha fascinado: «If You Tolerate This, Your Children Will Be Next» (Si toleras esto, tus hijos serán los siguientes). Sé que es de Manic Street Preachers, un grupo del que no tengo ni un solo disco, pero no sé más de ella. En una rápida comprobación leo que fue editada como parte de *This is My Truth Tell Me Yours* (Epic, 1998), quinto trabajo de los galeses que, al parecer, fue un éxito de crítica y público. Me alegro por ellos, estoy seguro de que lo merecían. Como hijo legítimo de la cultura pop[61], me sirvo de lo que tenga más a mano para construir mi discurso e ilustrar mi argumentario. Por eso me he valido del título de esa canción que no significa nada para mí, que no forma parte en absoluto de mi biografía emocional, para sintetizar en una línea toda la angustia que encierra el texto que vas a leer a continuación: si naturalizamos la presencia de las superestructuras turbocapitalistas en la industria musical, los efectos serán letales para las cosas de este negocio que todavía somos capaces de disfrutar.

La operativa desplegada por los gigantes corporativos y los fondos de inversión que dominan el negocio de la música en directo —aceleración, maximización de beneficios, financiarización, control algorítmico y explotación simbólica— ha alterado profundamente tanto la experiencia del público como las posibilidades de resistencia cultural por parte de los actores involucrados en la industria. Estas superestructuras

---

61 La *pop culture* o cultura popular es el conjunto de prácticas, expresiones, productos y símbolos culturales que gozan de amplia aceptación y consumo masivo en una sociedad, especialmente en contextos urbanos e industrializados. Incluye música, cine, televisión, moda, publicidad, videojuegos y redes sociales, y se caracteriza por su accesibilidad, su capacidad de adaptarse a tendencias y su influencia mutua con la cultura de masas y la industria del entretenimiento. Aunque suele asociarse al ocio y al consumo, también es un campo donde se negocian significados, identidades y formas de poder.

promueven una mentalidad de escalabilidad y uniformidad peligrosas. A través de algoritmos, acuerdos globales con patrocinadores y estrategias de *marketing* masivo, imponen sus narrativas dominantes, que legitiman la lógica del beneficio privado sobre el interés público, deteriorando la concepción de la cultura como un derecho social y colectivo. A cambio, se prioriza un discurso hegemónico que produce festivales uniformes, carteles con megabandas repetidas, diseño de experiencia predecible y paquetes turísticos culturales "todo incluido", que a su vez provoca una homogeneización del gusto musical, relegando a géneros alternativos, locales o no tan comerciales a la marginalidad. Como advierte David Hesmondhalgh, la concentración cultural genera un contexto en el que la creatividad se mide en función de su escalabilidad, no en términos simbólicos.

Debido al funcionamiento de estas estructuras, el espectador se vuelve un consumidor pasivo: compra su entrada en una *app* automatizada, presencia *shows* estandarizados, casi intercambiables, y limita su interacción con el festival a los momentos de consumo dentro y al contenido en redes sociales. Para el oyente pasivo que hemos analizado en el capítulo anterior, estimulado únicamente por los algoritmos de las plataformas y las estructuras físicas del festival —un simulacro experiencial más que una experiencia en sí misma— es difícil activar una actitud crítica frente a cómo se organiza, produce y financia la música en directo.

Los festivales han perdido su potencial político y se han convertido en mero entretenimiento desideologizado. El Sónar, Glastonbury o Lollapalooza son vitrinas de legitimación simbólica: el arte sirve para embellecer el capital, proyectar modernidad y visibilidad global. Este proceso de *musicwashing* neutraliza la disidencia al envolverla en promesas de visibilidad y prestigio, siempre bajo condiciones controladas por el capital. La cultura busca legitimarse como estrategia de supervivencia, pero en ese proceso sacrifica gran parte de su fuerza disruptiva original.

Si la música sucede dentro de superestructuras capitalistas, la posibilidad de disenso se reduce. Esto, en contextos de opresión o conflictos como el que vivimos en este momento, supone un paso atrás inexcusable. Cuando un gesto tan simbólico como la cancelación de un concierto se convierte en acto raro o excepcional, su fuerza disminuye y el mensaje crítico se diluye ante la urgencia del espectáculo. El *show* debe continuar: los artistas que entran por los que salen.

Como explica Pierre-Michel Menger, el trabajo creativo impone compromisos económicos que obligan al artista a negociar su coherencia crítica. La precariedad estructural de los y las trabajadoras culturales —artistas, técnicos, promotores independientes— empuja a colectivos enteros a ceder ante estructuras dominantes a cambio de la supervivencia y a considerar inevitables las condiciones de trabajo abusivas. La falta de alternativas convierte la autonomía ideológica en el privilegio de unos pocos, generando una brecha simbólica basada en la capacidad material de sostener la disidencia.

Además, estas superestructuras reproducen el discurso neoliberal sobre la autonomía del artista, la meritocracia y el emprendimiento personal: si triunfas, es por tu talento; si fracasas, es tu responsabilidad. De esta forma, el festival se convierte en una escuela ambulante de marca personal, un fin de semana idóneo para auto-promociones exóticas, individualistas y despolitizadas. La música entendida como pista de exhibición, no como herramienta emancipadora.

Reconectar la música en directo con su función simbólica emancipadora implica salir, paso a paso, del carril de una sola dirección que impone el ciclo mercantil y levantar infraestructuras propias donde el valor cultural no dependa de la rentabilidad inmediata. Eso significa, primero, cooperativas y propiedad compartida: modelos como la campaña *Own Our Venues* del británico Music Venue Trust —que busca que comunidades, artistas y simpatizantes adquieran colectivamente la propiedad de salas de música independientes para protegerlas de la especulación inmobiliaria y de alquileres insostenibles mediante un modelo cooperativo— muestran que la comunidad puede blindar espacios frente a la especulación y programar con criterios artísticos, no solo contables. En el plano digital, la cooperativa Resonate ensaya un *streaming* de propiedad de artistas y oyentes, con reparto transparente y decisiones colegiadas, como contrapeso a plataformas extractivas. En España, la red de pequeñas salas ha experimentado fórmulas de corresponsabilidad —socios que sostienen cuotas, bonos de temporada, micromecenazgo—; el caso de Heliogàbal (Barcelona) es ilustrativo: cuando peligró su continuidad, la movilización vecinal y de la escena barcelonesa salvó un foco de música emergente que hoy sigue programando con una línea editorial reconocible.

El segundo pilar es la gestión pública con gobernanza comunitaria. Existen referentes sólidos: el Ateneu Popular 9 Barris en Barcelona, nacido de una ocupación y hoy equipamiento público de gestión cívica, programa música y artes con participación vecinal; Harinera ZGZ en Zaragoza articula un consorcio ciudadanía–ayuntamiento que cede espacio, recursos y poder de decisión a proyectos locales; la Tabacalera de Lavapiés (Madrid), en su etapa de cesión pública, demostró que un centro autogestionado podía sostener conciertos, talleres y mediación cultural con reglas de convivencia y acceso abierto. En el ecosistema autogestionado, los *gaztetxes* vascos (como Astra en Gernika) son escuela de otro modo de producir:

entradas asequibles, protocolos de prevención y actuación frente a agresiones y devolución del excedente a la propia comunidad.

La tercera palanca es la financiación solidaria. Plataformas cívicas como Goteo han permitido levantar festivales de barrio, ciclos en patios de escuelas o grabaciones colectivas mediante *matchfunding* público-ciudadano, que condiciona la ayuda a criterios de bien común —accesibilidad, igualdad, retorno abierto—. En paralelo, fondos de resiliencia impulsados por el propio sector, desde cajas de resistencia de músicos hasta campañas tipo United We Stream[62] durante los cierres— han sostenido nóminas, alquileres y programaciones no rentables que preservan tejido. Cuando el dinero proviene de la propia comunidad, la programación puede defender lo minoritario, lo local o lo experimental sin tener que justificarse ante *sponsors* que exigen impactos de *marketing*.

---

62 United We Stream es una iniciativa cultural y solidaria nacida en marzo de 2020 en Berlín, durante el confinamiento por la pandemia de COVID-19, para apoyar a clubes, salas de conciertos, artistas y personal técnico afectados por el cierre de espacios. Consistía en retransmitir actuaciones en directo a través de *streaming*, de forma gratuita para el público, a cambio de donaciones voluntarias. Los fondos recaudados se destinaban a sostener la escena musical y de clubes, cubrir gastos básicos y, en algunos casos, apoyar proyectos sociales vinculados a la cultura. El modelo se expandió rápidamente a otras ciudades y países, convirtiéndose en una red internacional de apoyo a la música en vivo y la vida nocturna que sigue activa en la actualidad.

El cuarto eje son las redes y plataformas independientes que devuelven el control y la capacidad de decisión a quienes crean y programan. Sellos y asociaciones como la Unión Fonográfica Independiente (UFI) sirven de lugar de encuentro y colaboración fuera del oligopolio. Festivales de proximidad —del tipo Periferias en Huesca o ciclos municipales de barrio— trabajan con honorarios pactados, cláusulas de igualdad y mediación con escuelas y centros cívicos. Y, en lo digital, plataformas como Bandcamp (con sus Bandcamp Fridays donde reducen a cero su comisión durante un día al mes) han probado que otra relación económica con el público es viable cuando la intermediación es limitada y transparente.

En conjunto, estas experiencias —propiedad cooperativa de salas, gestión pública con gobernanza ciudadana, autogestión cultural, financiación solidaria y plataformas independientes— no son utopías, sino métodos contrastados para que la música vuelva a ser un bien común: entradas a precios justos, cachés dignos, protocolos frente al acoso, programación diversa y reinversión del excedente en el propio ecosistema. De esta manera, la música en directo puede recuperar su potencia simbólica —construir comunidad, memoria y crítica— sin convertirse en rehén de una cuenta de resultados o de una estrategia de patrocinio.

Algunas formas de resistencia

I sing sometimes for the war that I fight
'cause every tool is a weapon
if you hold it right[63]

«My I.Q.» (Ani Difranco)

Como dije en la introducción, si supiera cómo solucionar el rompecabezas al que nos ha empujado el sistema turbocapitalista, dedicaría todo mi talento a revertir la situación. Es muy probable que ni tan siquiera haya una solución posible —más allá de la fantasía de prenderle fuego a todo y empezar de cero, esta vez sin las estructuras que nos han traído hasta aquí—, sino un conjunto de pequeñas mejoras que, por un lado, consigan frenar la tendencia especulativa y extractivista en la que están inmersos los macrofestivales y conciertos multitudinarios desde hace años, mientras que, por el otro, logren pequeños avances hacia prácticas más justas, éticas y sostenibles. Unas demandas tan básicas que cualquiera podría aceptarlas: que se respeten los derechos laborales, el medioambiente y los derechos humanos. Estos posibles mecanismos tienen mucho de utópicos, pero no podemos olvidar que, desde la primera lucha, el

---

63 A veces le canto a la guerra que lucho / porque toda herramienta es un arma / si sabes cómo agarrarla.

combustible utilizado por todas las corrientes emancipatorias ha sido la utopía. KKR y el resto de fondos de inversión que ya operan dentro de la superestructura de la música tienen un plan y lo están ejecutando al milímetro. Por tanto, la búsqueda de alternativas —a las que he denominado *formas de resistencia* por motivos estrictamente románticos— debe pasar a formar parte de las prioridades de instituciones, artistas, agencias, sellos, promotoras, público concienciado y resto de colectivos disidentes.

La resistencia simbólica

2025 será recordado como el año en el que se ha intensificado un movimiento de boicot cultural transnacional contra festivales como el Sónar (España), Field Day (Reino Unido), Milkshake (Países Bajos) o Flow Festival (Finlandia), todos bajo el paraguas de Superstruct. Más de un centenar de artistas —incluidos Kode9, Arca, Juliana Huxtable, Massive Attack o Brian Eno— mostraron su rechazo a este modelo hegemónico, renunciando a actuar en algunos de esos eventos y organizando acciones de protesta como rechazo a KKR y a sus vínculos con el genocidio en Palestina. Aunque las cancelaciones no alteran de forma inmediata la estructura financiera de estas corporaciones, sí socavan su legitimidad cultural al señalar públicamente las contradicciones entre el contenido progresista que promueven los festivales y el carácter regresivo de sus propietarios.

Esta resistencia busca posicionarse en el espacio cultural y abrir un debate público. Como afirma Jacques Rancière, la política empieza allí donde se disputa lo que puede ser visto, oído y pensado. En este sentido, las cancelaciones, las cartas abiertas y los comunicados públicos son formas de intervención política que reorganizan el reparto de lo sensible en el campo cultural. Son actos que interpelan a otros actores del ecosistema —medios, público, promotores— y cuestionan los límites de lo aceptable en la relación entre el arte y el capital.

No obstante, esta forma de resistencia no está exenta de tensiones. La precariedad económica del sector musical impone barreras a la coherencia ética: no todos los artistas pueden permitirse renunciar a actuar. Como señalaba Pierre-Michel Menger, el trabajo artístico está marcado por la incertidumbre estructural y la intermitencia, lo que obliga a muchos creadores a aceptar condiciones que contradicen sus principios. En este contexto, la resistencia simbólica también se convierte en un privilegio, lo que hace aún más valioso y político el gesto de quienes, a pesar de todo, deciden levantar la voz.

El carácter global de los fondos como KKR plantea una dificultad añadida: la disolución de la responsabilidad en estructuras opacas y descentralizadas. Superstruct Entertainment afirma no intervenir en las decisiones artísticas de los festivales que posee, lo que permite a muchos programadores y asistentes justificar su participación. Pero, como recuerda Nancy Fraser, las estructuras del capitalismo cultural se sostienen en una disociación entre formas progresistas de contenido y arquitecturas regresivas de gestión. Es precisamente este fenómeno el que contribuye a la neutralización simbólica de los conflictos.

En suma, los actos de resistencia simbólica en el contexto de los macrofestivales no deben ser subestimados. Aunque limitados en su alcance material, generan fugas discursivas, reorganizan el campo cultural y visibilizan relaciones de poder normalmente invisibles. No se trata de gestos inútiles, sino de marcas políticas que interrumpen la normalización de lo inaceptable y permiten imaginar otros futuros posibles. En un entorno donde el cinismo y la complicidad se disfrazan de pragmatismo, ejercer una resistencia simbólica constituye un gesto de auténtica lucidez.

Un sindicato

Si tomamos como válida una de las premisas planteadas en este ensayo —la precariedad laboral impide al colectivo de artistas mostrar un posicionamiento ético con total libertad—, un sindicalismo generalizado del sector permitiría al colectivo de artistas ejercer una resistencia simbólica sin miedo a posibles consecuencias.

Desde fuera, la industria de la música debe de resultar incomprensible: al mismo tiempo que es capaz de generar ingresos multimillonarios, vertebrar imaginarios colectivos y sostener economías creativas de escala, se apoya de forma estructural en la autoexplotación, el trabajo fragmentado, intermitente y, con frecuencia, precario de intérpretes, compositoras, compositores, técnicos y personal auxiliar. La imagen romántica de la genialidad individual enmascara la realidad material de miles de profesionales en todo el estado, que se ven forzados a negociar en soledad sus salarios, a asumir costes de producción, a arriesgar la salud y a soportar una volatilidad extrema en sus ingresos. Es una guerra de todos contra todos; un embudo con la apertura diminuta. En este contexto, no se puede percibir el sindicalismo como una reliquia del siglo XX, sino como una herramienta contemporánea necesaria para equilibrar el poder de negociación, establecer una base mínima de dignidad y articular una representación colectiva capaz de incidir en normas, contratos y políticas públicas.

El sindicalismo en la música no es un lujo ni una opción romántica, es una necesidad estructural para equilibrar un mercado que, hoy, funciona con reglas que favorecen de manera abrumadora a quienes concentran el poder. Sellos discográficos multinacionales, grandes plataformas de *streaming*, promotores internacionales, conglomerados mediáticos y sociedades de gestión controlan la información, fijan estándares contractuales y definen tarifas, mientras que la gran mayoría de músicos —autónomos o *freelancers*— negocian de manera individual, sin respaldo colectivo, y desde una posición de extrema vulnerabilidad. En este terreno desigual, los cachés tienden a reducirse hasta niveles insostenibles; proliferan los llamados *pagos en visibilidad*[64], como sucede en muchos macrofestivales con las bandas emergentes, a las que ofrecen un lugar en el cartel a cambio de las acreditaciones del día de la actuación y de exposición mediática; se multiplican los

---

64 En el mundo de la música, un pago en visibilidad es una forma de compensación no monetaria en la que un promotor, sala o empresa ofrece al artista la oportunidad de actuar, grabar o participar en un proyecto sin remuneración económica, argumentando que la exposición al público, a medios o a agentes de la industria le generará beneficios futuros. En la práctica, este tipo de pago traslada el riesgo empresarial al artista, que asume costes y trabajo inmediato a cambio de una promesa intangible e incierta de proyección profesional.

contratos de cesión total (*buyouts*), que entregan para siempre los derechos de una grabación por un pago único; y se imponen cláusulas abusivas sobre exclusividad, cancelaciones y derechos de imagen o datos personales, como en el caso de concursos televisivos donde los participantes ceden derechos perpetuos a la productora sin posibilidad de renegociación.

A esta asimetría se suma la intermitencia crónica del trabajo musical, que genera ingresos volátiles y desprotección social. Un intérprete puede encadenar un mes de actuaciones en grandes festivales con ingresos elevados y pasarse los meses siguientes sin un solo contrato. Sin sistemas adaptados —como el modelo francés de *intermittents du spectacle*, que cubre periodos sin actividad mediante prestaciones acumuladas—, los músicos carecen de seguro de desempleo intermitente, bajas médicas o de maternidad y paternidad, pensiones o ayudas para cuidados familiares. Un sindicato sectorial podría impulsar en cada país regímenes especiales, beneficios portables[65] y fondos de contingencia que acompañen a los artistas entre proyecto y proyecto, evitando que cada pausa laboral se convierta en un abismo económico.

---

65 En el mundo de la música, los beneficios portables son prestaciones sociales y derechos laborales —como seguro médico, cotizaciones para pensión, seguro de desempleo, licencias por enfermedad o bajas de maternidad y paternidad— que no están vinculados a un único empleador, sino que acompañan al trabajador a lo largo de distintos contratos y proyectos.

No debemos pasar por alto que la transformación tecnológica y el cambio de paradigma en el soporte de la música grabada ha añadido nuevas capas de opacidad. El paso del soporte físico a la escucha digital ha desdibujado la cadena de remuneración: metadatos incompletos, algoritmos poco transparentes y liquidaciones con meses de retraso dificultan saber cuánto se gana realmente y reclamar errores. Casos documentados, como el de compositores británicos que descubrieron que millones de reproducciones de sus obras no estaban asociadas correctamente a su nombre en Spotify por fallos en el etiquetado, ilustran esta fragilidad. Aquí, la negociación colectiva podría exigir estándares obligatorios de metadatos (ISRC, ISWC, IPI), auditorías independientes y mínimos garantizados por tipo de explotación, como ya se debate en el seno del Parlamento Europeo para reformar la Directiva de Derechos de Autor.

En paralelo, las y los artistas enfrentan riesgos de salud y psicosociales propios de su oficio: lesiones por sobreuso (tendinitis, problemas de espalda, disfonías), exposición acústica prolongada sin protección auditiva, horarios nocturnos, viajes extenuantes y entornos de trabajo inseguros donde la violencia y el acoso no son excepciones. Casos como el de la Orquesta del Teatro Colón de Buenos Aires, cuyos integrantes reclamaron pausas y evaluaciones médicas por lesiones derivadas de ensayos prolongados, o las denuncias de acoso a cantantes en giras internacionales sin protocolos de actuación evidencian la urgencia de protocolos preventivos, asistencia jurídica y psicológica, y formación en salud laboral adaptada al sector.

Por si esto no fuera suficiente, la industria está atravesada por desigualdades persistentes de género, raza y clase. Estudios como el de la Keychange Initiative[66] revelan que en la mayoría de festivales europeos las mujeres representan menos del 20 % de las contrataciones; géneros como el jazz y la música clásica muestran brechas salariales y de liderazgo; el racismo estructural margina a determinados estilos o comunidades; y el origen socioeconómico sigue siendo una barrera para acceder a estudios, instrumentos y redes de contacto. En 2019, varias artistas españolas denunciaron públicamente que eran sistemáticamente programadas en horarios de menor afluencia en festivales, mientras que colegas masculinos ocupaban las franjas de mayor visibilidad. Estas

---

66 Keychange Initiative es un programa internacional lanzado en 2017 por la PRS Foundation, con apoyo de la Unión Europea y diversos socios de la industria musical, cuyo objetivo es promover la igualdad de género y la diversidad en el sector. La iniciativa impulsa compromisos de programación paritaria en festivales y organizaciones musicales —con la meta habitual del 50/50 en sus carteles y equipos—, ofrece oportunidades de formación y *networking* a artistas y profesionales infrarrepresentados, y realiza campañas de sensibilización para transformar las estructuras de la industria hacia un modelo más inclusivo y equitativo.

realidades no se corrigen con declaraciones institucionales o campañas de *marketing*, sino con organizaciones colectivas con poder real para monitorear, sancionar y establecer cuotas vinculantes en convenios, asegurando que la equidad deje de ser un gesto voluntario para convertirse en una obligación contractual. Y esas organizaciones colectivas ya existen y tienen un nombre: sindicatos. Así, el sindicalismo musical se presenta como la única herramienta capaz de enfrentar simultáneamente la precariedad económica, la opacidad tecnológica, la inseguridad laboral y la discriminación estructural, ofreciendo un marco donde la dignidad profesional deje de ser una excepción para convertirse en la norma.

Un sindicalismo propio del siglo XXI

El sindicalismo que necesita la industria de la música no puede permitirse ser un vestigio polvoriento del pasado ni una maquinaria burocrática desconectada de la realidad. Debe ser un organismo vivo: digital, ágil, inclusivo y cooperativo, capaz de unir la dureza de la negociación colectiva con la eficacia de servicios tangibles que mejoren la vida de las y los profesionales de la música desde el primer día. Tiene que hablar el idioma del presente y del futuro: comprender tanto las métricas de un algoritmo como la tensión en las cuerdas de un ensayo; velar por quien actúa en una sala para 100 personas y por quien sube al escenario de un festival de 30 000. Ha de conservar memoria para aprender de conquistas y errores, y no tener miedo a proyectar una visión para anticipar amenazas y oportunidades: la inteligencia artificial generativa que replica voces, la clonación sonora, los gemelos digitales capaces de sustituir actuaciones, y las nuevas formas de sincronización y monetización inmersiva que difuminan la frontera entre creador y producto. Y, sobre todo, debe dejar claro algo esencial: nadie puede crear en libertad cuando trabaja con miedo.

La industria de la música no puede seguir utilizando la vocación como coartada para legitimar la precariedad. No se trata de sofocar el amor por el oficio, sino de blindarse frente al desgaste de la explotación. Allí donde existe una organización colectiva real, los cachés dejan de ser promesas incumplidas, los riesgos laborales se reducen, la salud física y mental encuentra protección y el tiempo creativo se libera de la presión constante de la supervivencia. Las experiencias que han dado frutos duraderos comparten un patrón inequívoco: mínimos claros y aplicables, transparencia total en los datos, responsabilidad solidaria en cada eslabón de la cadena de contratación, protección frente a la violencia y el acoso, y alianzas institucionales condicionadas a estándares laborales firmes.

Un sindicato fuerte no eliminará la incertidumbre inherente a la creación artística, pero sí modificará la balanza entre riesgo y recompensa. Transformará el escenario en un espacio donde la carrera sea sostenible para la mayoría, y no un juego de privilegio y suerte en el que unos pocos se llevan el premio mientras otros pagan con su salud y estabilidad. Ese es el horizonte que la industria debe trazar y proteger: un ecosistema profesional donde la calidad del trabajo no sea la primera víctima del éxito y donde la dignidad se apoye en reglas comunes, sólidas y colectivamente construidas.

Cómo un sindicato mejoraría la vida del colectivo

Un sindicato fuerte podría modificar de forma profunda y tangible las condiciones de vida y trabajo de las y los artistas, generando un marco estable que hoy es más una aspiración que una realidad. En primer lugar, garantizaría ingresos más previsibles y justos mediante la fijación de mínimos vinculantes por concierto, ensayo y grabación, actualizados anualmente según la inflación y complementados con suplementos por desplazamiento, riesgo o nocturnidad. Esto evitaría situaciones comunes como las de músicos de gira que, después de horas de carretera y montaje, descubren que su pago será inferior al pactado. Por ejemplo, en el circuito de clubs de jazz de Nueva York, el sindicato Local 802[67] de la American Federation of Musicians (AFM) aplica baremos mínimos que han evitado la degradación de tarifas en espacios históricos como el Village Vanguard.

Además, un sindicato sólido establecería reglas claras de cancelación: si el promotor suspende el evento, debería indemnizar al artista según un baremo escalonado; si es el artista quien enferma, accedería a un fondo solidario alimentado por aportes de empleadores y trabajadores del sector. Esto habría evitado, por ejemplo, que en la pandemia de COVID-19 muchos artistas españoles quedaran sin ingresos durante meses al cancelarse giras sin compensación alguna. Complementariamente, los pagos garantizados

---

67 El Local 802 es la sección neoyorquina de la American Federation of Musicians (AFM), uno de los sindicatos de músicos más grandes y activos del mundo. Fundado en 1921 y con sede en Manhattan, representa a intérpretes y compositores de una amplia variedad de géneros —desde música sinfónica y de Broadway hasta jazz, grabación de estudio y espectáculos en vivo—. Su labor incluye la negociación de convenios colectivos, la fijación de tarifas mínimas, la defensa de derechos contractuales, el acceso a beneficios sociales (salud, pensiones) y la promoción de condiciones laborales seguras y justas para sus miembros. También desarrolla actividades culturales y programas educativos, posicionándose como un referente histórico en la protección de los músicos profesionales en Estados Unidos.

mediante *escrow*[68] reducirían drásticamente los impagos, un problema crónico en mercados como el latinoamericano, donde no es raro que una banda regrese de una gira internacional con deudas por gastos adelantados.

En el ámbito de la salud, el bienestar y la sostenibilidad de la carrera, un sindicato fuerte impulsaría protocolos de prevención: límites de exposición sonora para evitar pérdidas auditivas (como los que ya aplica la British Musicians' Union[69]), pausas obligatorias durante ensayos y conciertos, y acceso a protectores auditivos personalizados o fisioterapia. Las coberturas portables —seguros de salud, pensiones y prestaciones

---

68 Acuerdo en el que un tercero de confianza (agente *escrow*) retiene fondos o bienes hasta que se cumplan ciertas condiciones previamente pactadas por dos partes. El agente *escrow* es considerado un intermediario seguro, custodiando el dinero o los bienes y liberándolos únicamente cuando verifica que las condiciones del contrato se han cumplido; lo que protege ambas partes de fraudes y asegura la transacción.

69 La British Musicians' Union (MU) es el sindicato que representa a músicos profesionales en el Reino Unido desde 1893. Con decenas de miles de afiliados en todos los géneros y sectores —música en vivo, grabación, enseñanza, composición y audiovisual—, la MU negocia convenios colectivos, establece tarifas mínimas, ofrece asesoría legal, seguros y asistencia en casos de conflicto laboral o contractual. También impulsa campañas por la igualdad, la diversidad, la salud y la seguridad en el trabajo, así como la protección de los derechos de autor y la remuneración justa en el entorno digital. Su acción combina la defensa directa de los miembros con la incidencia en políticas culturales y laborales a nivel nacional.

por desempleo que se acumulan con aportes prorrateados de cada empleador— permitirían a un músico que trabaja un mes en un festival en Berlín, tres semanas en un teatro de Lisboa y luego una temporada corta en Madrid mantener continuidad en su seguridad social. La atención psicosocial 24/7 —con líneas de ayuda para crisis en gira, acoso o adicciones, y programas de formación en autocuidado y finanzas personales— sería especialmente relevante en un sector con altos índices de ansiedad y depresión, como muestran estudios recientes de Help Musicians UK.

La protección frente al acoso y la discriminación incluiría códigos de conducta obligatorios para promotores y salas, formación anual en prevención para todo el personal y canales de denuncia seguros con respuesta garantizada en plazos breves. Casos como el de diferentes artistas —en femenino plural— que han denunciado acoso en festivales sin que la organización actuara, podrían prevenirse o sancionarse de manera efectiva. Las cláusulas de igualdad asegurarían programaciones más diversas, con auditorías de brecha salarial y sanciones a eventos subvencionados que incumplan. Y las garantías de seguridad —protocolos de traslado nocturno, alojamiento digno y *riders* de bienestar con camerinos seguros, alimentación adecuada y agua— impedirían situaciones como las que denuncian con frecuencia los grupos y solistas de gira, obligados económicamente a alojarse en condiciones insalubres o inseguras.

En una sesión de estudio, la práctica habitual en muchos países sigue siendo acordar la tarifa a ojo en función de la urgencia o la reputación del artista, ceder todos los derechos del máster y de futuras reproducciones por una suma única y omitir el registro formal de los intérpretes. Esto provoca que, si la grabación se reutiliza en una campaña publicitaria o en un *remix*, los músicos no reciban un céntimo adicional. Con un marco sindical, las tarifas se fijarían por hora o por canción según convenio, se elaborarían hojas de sesión con códigos ISRC y distribución de *splits*[70], se limitarían las licencias de uso a períodos o medios específicos, y se establecerían pagos por reutilización. Un ejemplo cercano es el convenio que la British Musicians' Union (UM) mantiene con la BBC, donde

---

70 Es el acuerdo que establece qué porcentaje de derechos y *royalties* corresponde a cada persona que ha participado en la creación o grabación de una obra. Normalmente se aplica a compositores, letristas, productores e intérpretes, y puede referirse tanto a derechos de autor (por la composición) como a derechos conexos (por la grabación). Los *splits* se suelen pactar por escrito antes o justo después de la sesión de trabajo, y se registran en sociedades de gestión o plataformas para garantizar que cada parte reciba su proporción de ingresos procedentes de ventas, *streaming*, licencias o sincronizaciones. Por ejemplo, si en una canción colaboran dos compositores y un productor, podrían acordar un reparto de 40 % - 40 % - 20 %, y esa división determinará cómo se reparten los *royalties* en el futuro.

los músicos de sesión reciben pagos adicionales cada vez que una grabación se reutiliza o se licencia para un nuevo medio.

En cuanto al poder contractual frente a plataformas de *streaming*, un sindicato fuerte exigiría transparencia en los datos: acceso a paneles que verifiquen metadatos, trazabilidad de reproducciones y desglose detallado de liquidaciones. También establecería remuneraciones mínimas por uso digital para evitar royalties "cero" en plataformas de *streaming*. Prohibiría los *buyouts* indiscriminados, limitando las cesiones perpetuas y asegurando compensaciones por reutilización, incluso en formatos futuros como la recreación por inteligencia artificial. Esto podría haber evitado casos como el de músicos de sesión que grabaron para anuncios globales por una tarifa única y vieron sus interpretaciones reutilizadas durante años sin pago adicional.

La infraestructura jurídica y administrativa incluiría contratos estándar sectoriales para conciertos, residencias, grabaciones y sincronizaciones, disponibles en varios idiomas y con glosarios para artistas sin formación legal. Se ofrecería mediación y arbitraje rápido y de bajo costo para resolver disputas antes de llegar a juicio, así como un observatorio sectorial que recopile y publique datos sobre ingresos, empleo, salud laboral y diversidad. Este observatorio, siguiendo modelos como el de la Centre National de la Musique (CNM)[71], permitiría orientar negociaciones y políticas públicas con base en evidencia.

Por último, la internacionalización con garantías sería clave para el desarrollo de carreras artísticas fuera de las fronteras estatales. Los acuerdos marco facilitarían visados y movilidad, evitando que bandas queden retenidas en aduanas o enfrenten dobles tributaciones abusivas, como ha ocurrido con músicos europeos tras el Brexit. El reconocimiento mutuo de mínimos laborales entre sindicatos de distintos países aseguraría que un artista visitante goce de los mismos estándares que los locales. Los fondos de emergencia, con gobernanza transparente, aportarían apoyo económico ante cancelaciones masivas por pandemias, catástrofes o crisis climáticas, garantizando continuidad financiera en momentos críticos.

En conjunto, este entramado de medidas no solo elevaría el mínimo de dignidad laboral, sino que

---

71 El Centre National de la Musique (CNM) es un organismo público francés creado en 2020 con el objetivo de apoyar, promover y regular el sector musical en todas sus vertientes, desde la creación y producción hasta la distribución y difusión. Funciona como punto de encuentro entre artistas, empresas, instituciones y público, ofreciendo subvenciones, estudios de mercado, formación y recursos para el desarrollo profesional. También actúa como observatorio del sector, recopilando y analizando datos sobre la economía musical en Francia para orientar políticas culturales. Su misión combina el fomento de la diversidad artística con la consolidación de un ecosistema sostenible y competitivo.

construiría un ecosistema más estable, seguro y justo, en el que el talento artístico no se vea erosionado por la precariedad estructural y donde la creatividad pueda florecer sin que la supervivencia dependa de la clase social, del azar o de la buena voluntad de terceros.

Hoja de ruta para la puesta en marcha de un sindicato en el sector musical

El punto de partida debería ser una estructura federada y diversificada, capaz de actuar de manera unificada en cuestiones estratégicas y, al mismo tiempo, atender las necesidades particulares de cada rama profesional. Esto implica articular una federación estatal que agrupe a sindicatos y delegaciones locales, y que internamente se organice por oficios (intérpretes, músicos de sesión, compositoras, técnicos) y por segmentos de actividad (música en vivo, grabación, audiovisual, docencia). Así, un mismo sindicato podría negociar de forma granular: por ejemplo, establecer tarifas y condiciones para músicos de sesión en estudios de Sevilla mientras impulsa acuerdos de seguridad y descansos para técnicos de festivales en Alicante, sin perder la fuerza de un músculo político conjunto. Vuelvo a citar a la American Federation of Musicians: el Local 802 en Nueva York aborda las particularidades en torno a los conciertos de jazz y Broadway en la ciudad de los rascacielos, mientras la federación nacional negocia los derechos de sus afiliados con grandes cadenas audiovisuales o plataformas digitales.

La afiliación tendría que ser amplia y escalonada, de manera que ningún perfil profesional quede fuera por barreras económicas. Las cuotas proporcionales a ingresos permitirían que un músico de orquesta con contrato estable aporte más que un artista emergente que actúa en pequeños clubes. Además, se podrían incluir becas para estudiantes de conservatorio o escuelas de música y tramos gratuitos para artistas en sus primeros años de carrera. Este sistema ya ha demostrado eficacia en la British Musicians' Union (MU), donde los jóvenes se incorporan pagando una tarifa reducida y acceden desde el primer día a asesoría legal, plantillas contractuales y acceso a microseguros para giras.

La tecnología sería un pilar operativo, donde una aplicación sindical podría centralizar herramientas prácticas: almacenamiento seguro de contratos firmados, generación de facturas, registro de horas de trabajo y viajes para calcular dietas, y un sistema de alertas automáticas cuando un empleador incumpla plazos de pago. Además, podría incluir una biblioteca activa y permanente de *riders* justos —listas de requerimientos técnicos y de bienestar mínimamente aceptables— o cláusulas antiabuso que eviten la cesión total de derechos sin compensación. Este portal podría contar, además, con un mapa interactivo de salas y promotores, con un sistema tipo semáforo (verde, amarillo, rojo) basado en reportes verificados de cumplimiento laboral, que permitiría a los músicos conocer de antemano el historial ético y contractual de quien los contrata. En Francia, iniciativas similares impulsadas por el Centre National de la Musique (CNM) han generado listados de promotores que cumplen estándares de buenas prácticas, facilitando la elección informada por parte de artistas y técnicos.

En cuanto a alianzas estratégicas, el sindicato podría cooperar con asociaciones profesionales y sociedades de gestión, pero manteniendo roles claros: el sindicato negocia condiciones laborales y protege el trabajo; las sociedades gestionan derechos de autor y conexos. Por ejemplo, en Reino Unido, la MU colabora con la PRS for Music[72] para coordinar campañas sobre derechos digitales, pero las negociaciones colectivas con teatros,

---

72 PRS for Music es la sociedad de gestión colectiva del Reino Unido encargada de administrar los derechos de autor de compositores, letristas y editores musicales. Nacida en 1997 de la fusión entre la Performing Right Society (PRS) y la Mechanical-Copyright Protection Society (MCPS), licencia el uso de obras musicales en conciertos, emisiones, plataformas digitales, establecimientos y otros medios, recaudando las regalías correspondientes y distribuyéndolas entre sus miembros. Además, ofrece servicios de registro de obras, representación internacional de derechos y campañas para la defensa de la remuneración justa en la industria musical.

festivales y productoras son lideradas exclusivamente por el sindicato, evitando solapamientos.

La incidencia en políticas públicas sería una de las funciones más transformadoras. El sindicato podría exigir que subvenciones, licencias y apoyos institucionales estén condicionados al cumplimiento de mínimos laborales, planes de igualdad y medidas de accesibilidad. Esto ya ocurre en parte en Quebec, donde los festivales que reciben fondos públicos deben cumplir tarifas mínimas para los artistas y criterios de programación diversa. Asimismo, el sindicato debería impulsar un régimen fiscal y de seguridad social adaptado a la intermitencia, como el modelo francés de *intermittents du spectacle*, que reconoce y cubre períodos de inactividad propios de las artes escénicas. La creación de ventanillas únicas para artistas itinerantes simplificaría trámites fiscales y de visados para giras internacionales. En materia de compras públicas, se podrían priorizar auditorios, festivales y contrataciones artísticas que demuestren buenas prácticas laborales, convirtiendo la contratación pública en un motor de profesionalización y estándares.

Por último, la formación y cultura sindical serían esenciales para que el sindicato no sea solo un organismo negociador, sino también un espacio de capacitación y empoderamiento. La oferta incluiría cursos breves, tanto presenciales como *online*, sobre contratación y lectura de contratos, derechos digitales y su gestión, prevención de riesgos laborales, gestión financiera y negociación colectiva. Además, podrían organizarse talleres especializados: por ejemplo, cómo registrar correctamente las obras en plataformas de gestión, cómo protegerse legalmente en colaboraciones internacionales o cómo diseñar un *rider* técnico que contemple el bienestar del equipo. Este enfoque fomenta una cultura que rechace el "sálvese quien pueda" y promueva la solidaridad profesional como norma, siguiendo ejemplos como los programas educativos de la AFM en Estados Unidos, que incluyen seminarios sobre salud auditiva, gestión fiscal para autónomos y prevención del acoso en entornos de trabajo.

En conjunto, esta hoja de ruta no solo trazaría un camino para reforzar la capacidad de negociación de las y los artistas y técnicos, sino que construiría un ecosistema profesional más transparente, equitativo y sostenible, en el que cada profesional disponga de las herramientas, protecciones y alianzas necesarias para desarrollar una carrera digna y segura.

Huelga, boicot y movilización

Es comprensible que las llamadas a la huelga o al boicot activo contra empresas como Live Nation o los macrofestivales que forman parte del entramado de Superstruct Entertainment provoquen incomodidad entre el público y temor en el colectivo de artistas. Son prácticas que el propio sistema se ha encargado de demonizar con el objetivo de desactivarlas, a pesar de que su origen es más antiguo de lo que se pueda imaginar en un primer momento[73]. Sin embargo, no está de más señalar que la huelga, el boicot y la movilización son herramientas pacíficas, legales y ampliamente normalizadas en otros países y sectores. En Suecia, mecánicos de Tesla llevan más de 12 meses en huelga —la más larga de la historia moderna del país— porque la empresa se niega a firmar un convenio colectivo con los sindicatos suecos

---

73 El primer antecedente histórico conocido de una acción laboral colectiva para reivindicar derechos tuvo lugar en el año 1152 a. C. en Deir el-Medina, una aldea de artesanos en el Antiguo Egipto dedicada a la construcción de las tumbas reales en el Valle de los Reyes, durante el reinado de Ramsés III. Los trabajadores, empleados por el Estado, dejaron sus herramientas y se negaron a seguir trabajando en protesta por el retraso en la entrega de sus raciones de grano, que constituían su salario. Según los papiros que registran el hecho —como el *Papiro de Turín*—, los huelguistas se organizaron, se trasladaron a templos cercanos y exigieron el pago atrasado. Finalmente, las autoridades cedieron y entregaron parte de las provisiones.

que protejan los derechos laborales de los trabajadores de la firma en el país nórdico. A consecuencia de esto, sindicatos de estibadores, electricistas y transportistas suecos, en solidaridad con los huelguistas, también se han negado a trabajar con Tesla mientras no se solucione el conflicto. Un dato para contextualizar la magnitud de la movilización: hasta hace un año, la huelga más larga de la historia de Suecia se produjo en 1909 y duró 40 días. ¿Te imaginas que, en protesta contra los macrofestivales españoles que tienen vínculos con el genocidio en Palestina, el colectivo de artistas se negara a actuar en sus escenarios y esta renuncia fuera secundada por los profesionales —sonido, montaje, luces, catering, etc.— que dan servicio a un evento de estas características?

En las últimas dos décadas, los macrofestivales han pasado de ser eventos esporádicos, asociados a la excepcionalidad de la experiencia colectiva, a convertirse en una pieza estructural del engranaje económico global. Esta mutación no ha sido accidental: responde a la lógica expansiva del turbocapitalismo, un estadio intensificado del capitalismo tardío que absorbe cualquier forma de producción simbólica para integrarla en un ciclo permanente de consumo, especulación y control.

En este contexto, la huelga, el boicot y la movilización emergen como instrumentos de confrontación frente a una maquinaria que no solo convierte el arte y la música en mercancías, también impone sobre las esferas de lo laboral, lo urbanístico y lo medioambiental un régimen de explotación sistemática. La cuestión esencial no radica únicamente en determinar si tales acciones son viables en un ecosistema profundamente controlado por las fuerzas hegemónicas, sino en evaluar hasta qué punto pueden incidir de forma efectiva en su dinámica y fracturar la narrativa de inevitabilidad que lo legitima.

Un macrofestival, más allá de su programación artística, opera como una superestructura cultural en el sentido gramsciano[74]: reproduce valores, hábitos y consensos que legitiman el modelo económico dominante. No es solo un espacio de ocio; es un laboratorio de la sociedad de consumo, un escaparate para marcas globales y un nodo logístico de redes financieras transnacionales. Su escala, medida en cientos de miles de asistentes y presupuestos multimillonarios, no es neutra: se alimenta de subvenciones públicas, privatizaciones de espacios comunes y externalización de costes

---

74 En el sentido gramsciano, un fenómeno cultural o institucional se interpreta como parte de la superestructura destinada a garantizar la hegemonía, entendida esta como el conjunto de prácticas, valores y significados que permiten a la clase dominante mantener su poder no solo por coerción, sino mediante la generación de consenso y la naturalización de su liderazgo ideológico.

medioambientales. El caso del Coachella en California muestra esta integración sistémica. El festival, con un impacto económico estimado en más de 700 millones de dólares anuales para la región, cuenta con apoyos logísticos y fiscales de las autoridades locales, a pesar de la polémica por el uso intensivo de recursos hídricos en una zona de sequía crónica. En España, el Primavera Sound o el Mad Cool reflejan un patrón similar: acuerdos estratégicos con ayuntamientos y comunidades autónomas, uso de suelo público reconvertido en espacio de consumo privado, y una dependencia directa de patrocinadores que van desde empresas tecnológicas hasta entidades bancarias.

La huelga

La huelga en el marco de un macrofestival presenta particularidades que la distinguen de la huelga tradicional en industrias más estables. En primer lugar, el carácter efímero del evento —normalmente concentrado en pocos días— genera una presión inmediata: una jornada de paro puede paralizar infraestructuras críticas como el montaje de escenarios, el suministro eléctrico o el transporte interno. En 2018, durante la celebración del festival Roskilde en Dinamarca, parte del personal técnico subcontratado amenazó con detener el montaje debido a impagos y jornadas excesivas. Aunque la huelga no llegó a materializarse por la mediación de sindicatos y organizadores, la amenaza fue suficiente para que la empresa rectificara, mostrando el potencial disruptivo de un paro en la fase previa al evento.

Algo similar ocurrió en España, donde trabajadores del montaje del festival Arenal Sound denunciaron en 2019 condiciones laborales que incluían jornadas de más de 14 horas sin compensación, falta de descanso y contratos temporales deficientes. Si bien no hubo huelga formal, la exposición mediática debilitó la imagen del festival y abrió un debate sobre el precio de su éxito. El dolor pragmático de la huelga en este entorno reside en la vulnerabilidad de quienes la impulsan: los técnicos, montadores o personal de limpieza carecen muchas veces de cobertura legal y pueden ser sustituidos en cuestión de horas. El riesgo de represalias laborales o exclusión de futuras contrataciones es elevado.

El boicot artístico

A lo largo del siglo XX, el boicot artístico ha servido como una poderosa herramienta de protesta simbólica en contextos políticos y sociales. Un ejemplo paradigmático es el boicot internacional contra el *apartheid* en Sudáfrica —desde 1960 a los años 80—, impulsado por el ANC[75] y organizaciones asociadas. Artistas como Miriam Makeba se declararon en contra de actuar en el país, participando además en campañas políticas y en la ONU, donde en 1963 apeló a «intervenciones internacionales» contra las cárceles sudafricanas, iniciativa que finalmente recibió el apoyo de la Asamblea General en 1968. Otro hito ocurrió en España cuando la cantautora estadounidense Joan Baez se negó a actuar en el país hasta que no cayera la dictadura franquista. Al llegar en 1977, dedicó su versión de «No nos moverán» a La Pasionaria, en una mítica actuación en Televisión Española que se puede encontrar íntegra en YouTube, y en la que también dedicó unas palabras en castellano a los presos latinoamericanos, convirtiendo su pequeño concierto en un símbolo de disidencia.

En contextos autoritarios de Latinoamérica, artistas como Mercedes Sosa, Silvio Rodríguez y Caetano Veloso

---

75 El African National Congress (ANC) es un partido político sudafricano fundado en 1912 con el objetivo de defender los derechos de la población negra frente al dominio colonial y, posteriormente, contra el sistema de *apartheid*. Durante décadas lideró la resistencia interna e internacional contra la segregación racial, combinando movilización política, acciones de desobediencia civil y, en ciertos periodos, lucha armada a través de su brazo militar Umkhonto we Sizwe. Entre sus miembros más emblemáticos destacan Nelson Mandela, Oliver Tambo y Walter Sisulu. Tras el fin del *apartheid* en 1994, el ANC se convirtió en el partido de gobierno, encabezando la transición hacia la democracia y manteniéndose desde entonces como la principal fuerza política del país, aunque en los últimos años ha afrontado críticas por diferentes casos de corrupción.

cancelaron participaciones oficiales durante dictaduras, transformando su ausencia en gestos de resistencia. A lo largo de los últimos años, el boicot cultural a Israel llevado a cabo por numerosos artistas ha sido una estrategia constante dentro de la campaña de BDS, fundada en 2005 para denunciar las políticas contra la población palestina. En marzo de 2018, artistas como Lorde cancelaron su concierto en Tel Aviv (Israel) tras recibir una carta abierta de activistas pidiendo coherencia ética, recordando que «el gobierno israelí aplica políticas de *apartheid*». En 2012, la banda irlandesa Dervish canceló una gira programada en Israel citando el boicot cultural, mientras activistas de la Irish Palestine Solidarity Campaign los presionaron por redes sociales. Estos casos señalan no solo una negativa a actuar, sino un gesto ético y político: los artistas afirman que participar implicaría legitimación implícita de violencias institucionales, ejerciendo así el poder simbólico de su arte para visibilizar injusticias y reclamar responsables.

Sin abandonar el asunto sionista, el boicot cultural a Eurovisión 2019 en Tel Aviv, impulsado por figuras como Roger Waters y Brian Eno, se inscribió en la campaña BDS contra la ocupación de Palestina, y aunque el evento se celebró, provocó tensiones y rechazo en medios internacionales.

El festival de Eurovisión siempre ha sido escenario simbólico de protestas geopolíticas. En la edición de 2022, el concurso vivió un momento de crisis tras la invasión de Ucrania por parte de Rusia. Lo que en un principio parecía un debate interno sobre la conveniencia de excluir al país agresor se transformó rápidamente en un frente común de presión: artistas como Emma Muscat (Malta) y Amanda Tenfjord (Grecia) se unieron a una ola de declaraciones públicas que exigían la expulsión rusa, mientras delegaciones enteras —como las de Finlandia y Lituania— amenazaban con retirarse del concurso si Moscú mantenía su lugar en la competición. La Unión Europea de Radiodifusión, inicialmente reacia a tomar una decisión política explícita, terminó por anunciar la exclusión de Rusia, decisión que fue ampliamente respaldada por el público y por gran parte de la comunidad artística. El escenario de Turín, libre de la delegación rusa, se convirtió así en un símbolo cultural de solidaridad con Ucrania, demostrando que incluso un evento concebido como entretenimiento puede asumir un papel de sanción moral en el tablero internacional.

Lo sucedido en Eurovisión en sus ediciones de 2024 y 2025, las siguientes al 7 octubre de 2023, no deja lugar a dudas: en 2024, la participación de Israel en Eurovisión con la canción «Hurricane», interpretada por Eden Golan, estuvo rodeada de una fuerte polémica. Aunque la propuesta obtuvo un gran resultado —clasificándose primera en su semifinal y finalizando en quinto lugar—, numerosas voces, desde artistas hasta formaciones políticas, reclamaron su exclusión debido al conflicto en Gaza y acusaron al país de utilizar el concurso como una operación de blanqueo cultural de sus políticas. A pesar de las presiones, la Unión Europea de Radiodifusión (EBU) defendió su presencia, insistiendo en el supuesto carácter apolítico del certamen, una postura que fue interpretada por muchos como un doble estándar.

La situación se intensificó en 2025, cuando Israel volvió a competir, esta vez con Yuval Raphael y la canción «New Day Will Rise», que logró el segundo puesto en la clasificación final. Sin embargo, su participación estuvo marcada por una oleada de críticas: la televisión pública española propuso formalmente expulsar a Israel del concurso, sumándose a un malestar generalizado que ya venía gestándose desde la edición anterior. Varias radiodifusoras europeas denunciaron posibles irregularidades en el voto del público y reclamaron una reforma del sistema de votación, señalando el impacto de campañas coordinadas en redes sociales que habrían favorecido al país. A esto se sumó una decisión polémica de la propia EBU, que excluyó la actuación israelí del video compilatorio oficial del álbum del festival, alimentando las acusaciones de incoherencia y arbitrariedad.

Estos dos años evidenciaron las grietas del discurso oficial de Eurovisión como espacio "neutral" y "apolítico". El concurso no solo se convirtió en un escenario de disputa diplomática y cultural, sino que dejó claro que las reglas y decisiones de la EBU pueden adaptarse según intereses coyunturales, priorizando una supuesta coherencia ética y política por encima del espectáculo en unos casos o, como en este, alineándose con la narrativa israelí mediante un activo cultural simbólico europeo.

Never mind what's been selling,
it's what you're buying
and receiving undefiled.[76]

«Blueprint» (Fugazi)

El boicot del público

El boicot, además, es una herramienta de la que se puede servir el otro lado de la cadena: la demanda. Esta forma legítima de resistencia en poder del público no interrumpe la producción sino el consumo, erosionando la base de ingresos que sostiene el evento.

En 2019, colectivos LGTBIQ+ en Estados Unidos impulsaron un boicot contra el festival Coachella por las donaciones políticas de su principal inversor, Philip

---

76 No importa lo que se esté vendiendo, / lo que importa es lo que estás comprando/ y recibiendo sin mancha.

Anschutz, a organizaciones ultraconservadoras. La campaña, amplificada en redes sociales, no logró reducir la asistencia de forma significativa, pero sí forzó al empresario a emitir comunicados y a modificar parcialmente sus patrones de financiación.

En España, uno de los episodios más controvertidos en la relación entre música, política y boicot se produjo en 2015, cuando el festival Rototom Sunsplash, celebrado en el mismo recinto donde tiene lugar el FIB, en Benicàssim, y especializado en música reggae, decidió cancelar la actuación del cantante estadounidense Matisyahu tras presiones de colectivos propalestinos. Estos grupos argumentaban que el artista, de confesión judía y sin una postura pública crítica hacia el Estado de Israel, debía posicionarse explícitamente contra las políticas israelíes hacia Palestina antes de actuar. Matisyahu se negó a emitir tal declaración, al considerar que se le estaba exigiendo una toma de partido que no se pedía a otros artistas, lo que derivó en su exclusión del cartel. La decisión, lejos de quedar circunscrita al ámbito local, tuvo un eco internacional inmediato: asociaciones judías, instituciones diplomáticas y medios de comunicación de varios países acusaron al festival de antisemitismo, señalando que se había discriminado a un músico por su identidad y religión.

La presión fue tan intensa que el Rototom Sunsplash, apenas unos días después, rectificó públicamente, pidió disculpas y volvió a incluir a Matisyahu en el cartel, donde finalmente actuó. Sin embargo, la controversia no se diluyó del todo. Para sectores defensores del boicot cultural a Israel, la rectificación se interpretó como una claudicación ante el lobby proisraelí y una renuncia a los principios del movimiento BDS. Para otros, la rectificación fue presentada por el propio festival como una muestra de su capacidad de "diálogo" y "rectificación ejemplar", transformando un momento de crisis reputacional en un relato de apertura y autocrítica.

El caso expuso varias dimensiones incómodas del boicot como herramienta política en la música. Por un lado, evidenció cómo una acción concebida como gesto de solidaridad y presión internacional puede ser rápidamente reconfigurada por sus destinatarios para reforzar su propia imagen, incluso en dirección contraria a la intención original. Por otro, mostró que el terreno cultural es especialmente vulnerable a que debates políticos complejos se simplifiquen en términos de "libertad artística" frente a "censura", lo que permite a las instituciones o empresas implicadas reposicionarse como defensoras de valores universales, aunque en origen hayan cedido a presiones políticas. En este sentido, el episodio Rototom-Matisyahu funciona como un recordatorio de que el boicot, si no está acompañado de una estrategia narrativa sólida y de un análisis de posibles contraataques mediáticos, corre el riesgo de convertirse en un arma de doble filo que refuerce precisamente las estructuras o actores a los que buscaba cuestionar.

La movilización

La movilización —manifestaciones, bloqueos, ocupaciones— es la forma más visible y mediática de confrontación.

En 2010, durante la celebración del festival de Glastonbury, activistas medioambientales realizaron una acción contra uno de los patrocinadores, la empresa energética EDF, denunciando su implicación en proyectos nucleares. Aunque la protesta fue rápidamente disuelta, las imágenes fueron vistas en todo el mundo y vincularon públicamente al festival con las prácticas de la empresa en cuestión.

En España, las movilizaciones contra el Arenal Sound por parte de vecinos de Burriana se centraron en el ruido, la saturación de servicios y la ocupación del litoral. Las protestas, aunque no impidieron la celebración, lograron presionar para que el festival trasladara parte de sus infraestructuras y modificara sus horarios.

Sin embargo, el riesgo de estas acciones es alto: la presencia de seguridad privada, cuerpos policiales y tecnología de vigilancia reduce el margen de maniobra. Las consecuencias legales incluyen multas significativas, antecedentes penales y, en algunos casos, violencia física en el momento de la detención, porque uno de los elementos más implacables del sistema es el blindaje mutuo entre organizadores y autoridades.

En el caso del MadCool de Madrid, informes de 2022 revelaron que el Ayuntamiento facilitó trámites y autorizaciones con carácter de urgencia, priorizando el impacto turístico y económico sobre la evaluación de molestias a residentes. Esto se tradujo en un marco legal y operativo que dificulta cualquier intento de huelga o movilización efectiva, pues la protección al evento es explícita y respaldada por la promesa de beneficios macroeconómicos. Este blindaje convierte cualquier protesta en un desafío contra un bloque de poder donde confluyen intereses políticos, mediáticos y empresariales, lo que exige estrategias de desgaste prolongadas y con multiplicidad de frentes que añaden un nivel de dificultad extra, puesto que se necesita de cierta cultura organizativa para llevarlas a cabo. Ni público ni artistas han demostrado tenerla. No se trata de tirar abajo un evento, sino de desmontar el imaginario que lo sostiene: la creencia de que el ocio masivo actual es un bien neutro y deseable.

El precio profesional —y muchas veces personal— de participar en huelgas, boicots y movilizaciones contra macrofestivales es, con frecuencia, elevado. Activistas que han encabezado este tipo de movilizaciones en distintos puntos de España y del extranjero han denunciado no solo la presión mediática y social, también amenazas directas, campañas de difamación orquestadas en redes y un progresivo aislamiento profesional dentro del sector. Estas estrategias de desgaste suelen tener varios frentes: por un lado, se desacredita públicamente a la persona, señalándola como "enemiga de la cultura" o de "oponerse al desarrollo local", mientras que, por otro, se interponen demandas judiciales o denuncias administrativas que, aun sin prosperar, obligan a invertir tiempo y recursos en su defensa. El caso de 2018 en Burriana, vinculado a las protestas contra el Arenal Sound, es especialmente ilustrativo: la portavoz de una asociación vecinal contraria al festival recibió varias denuncias judiciales por declaraciones a medios sobre el impacto acústico, la ocupación del litoral y la saturación de servicios durante el evento. Aunque muchas de estas denuncias fueron archivadas, el proceso implicó gastos legales que excedían con creces su capacidad económica, lo que, según la propia afectada, buscaba «asfixiar» económicamente la protesta. En 2022, activistas medioambientales que cuestionaban la ubicación del MadCool Festival en Madrid reportaron acoso en redes y campañas anónimas de desprestigio en foros vecinales.

En el marco del turbocapitalismo, la lógica de mercado no se limita a exprimir la fuerza de trabajo o a extraer valor económico de cada minuto productivo, sino que extiende sus tentáculos a las formas mismas de disidencia. La protesta, que históricamente ha sido un acto de confrontación y resistencia, se convierte aquí en un producto más dentro del escaparate del sistema. Se la exhibe como prueba de una supuesta pluralidad democrática, una especie de "decorado" que permite al poder afirmar que todas las voces tienen cabida, aunque en la práctica se apliquen mecanismos para neutralizar su alcance. Así, las manifestaciones pueden ser cuidadosamente acotadas en tiempo y espacio, las campañas críticas absorbidas por la publicidad corporativa con mensajes progresistas y los discursos de oposición convertidos en piezas de *marketing* cultural. Ejemplos de este fenómeno abundan: desde festivales que invitan a colectivos sociales para reforzar su imagen de compromiso mientras ignoran sus reivindicaciones reales, hasta marcas que incorporan consignas feministas o ecologistas en sus anuncios sin modificar las prácticas laborales o medioambientales que dichos movimientos cuestionan. En este modelo, la protesta deja de ser una amenaza para el orden establecido y pasa a funcionar como un elemento más de su narrativa, una válvula de escape simbólica que confirma la fortaleza del sistema al mostrar que tolera las críticas, cuando en realidad las ha convertido en parte de su mercancía.

La resistencia institucional: el dinero público en los macrofestivales

El debate sobre la financiación de los macrofestivales y grandes eventos culturales plantea dos cuestiones fundamentales: ¿deben sostenerse únicamente mediante inversión privada o es legítimo —incluso necesario— que cuenten con apoyo público? ¿Es legal que ese dinero público acabe en manos de superestructuras que, a su vez, son dueñas de otros negocios que no cumplen con los derechos humanos en otras partes del mundo?

De un tiempo a esta parte, no han sido pocas las publicaciones donde se ha tratado este tema, siendo el libro del periodista Nando Cruz, *Macrofestivales: el agujero negro de la música* (2023), el primero en analizar las dinámicas que operan dentro de los festivales autodenominados *indies*. Este libro ahonda en la necesidad urgente de cuestionar el modelo hegemónico actual y su lógica estrictamente mercantil. Estas superestructuras extractivas —como Live Nation o Superstruct Entertainment— tienden a operar sin arraigo territorial, orientadas a la maximización del beneficio económico y la estandarización del producto cultural, lo que debilita tanto la diversidad artística como el impacto social de los festivales. Tal y como señala David Harvey en *Diecisiete contradicciones y el fin del capitalismo* (2014), en el contexto del capitalismo contemporáneo, el espacio urbano y sus manifestaciones culturales son, con una frecuencia que va en aumento, gestionados como activos financieros. Bajo esta lógica, los festivales que suceden dentro de esos espacios dejan de ser bienes culturales para convertirse en instrumentos de rentabilidad turística, generando procesos de gentrificación cultural y desplazamiento simbólico de los agentes locales. La concentración empresarial en el sector, denunciada por estudios como los de Arturo Rodríguez Morató, favorece estructuras opacas, escasamente redistributivas y débilmente comprometidas con la economía cultural del territorio.

En contraposición a esta tendencia, el uso de dinero público permite vincular la cultura a objetivos de desarrollo social, democratización del acceso y justicia territorial, siempre que se articulen medidas de control transparentes mediante auditorías públicas. Lejos de representar un gasto superfluo, la inversión pública en festivales puede ser un mecanismo de planificación cultural estratégica, tal y como sucedió con el modelo del Sónar Barcelona antes de su internacionalización, que, si bien mantuvo una financiación privada, ha recibido históricamente el apoyo del Ayuntamiento de Barcelona y de la Generalitat, bajo la condición de fomentar la innovación, el acceso abierto a parte de la programación y el impulso al tejido creativo local.

De forma aún más decidida, la ciudad de Nantes (al oeste de Francia) ha articulado su política de festivales desde una perspectiva pública, integrándolos en el plan de desarrollo cultural metropolitano. El caso del festival Les Rendez-vous de l'Erdre, por ejemplo, combina financiación municipal, regional y estatal, con el objetivo de garantizar el acceso gratuito a la mayoría de los conciertos, priorizar a los artistas locales y asegurar condiciones laborales dignas para todo el personal técnico y artístico.

En Bilbao, el modelo del BBK Live también muestra cómo los festivales pueden incorporar financiación pública condicionada, al integrarse dentro de la estrategia de proyección internacional de la ciudad, aunque aquí los márgenes de control institucional sobre la programación o las condiciones laborales son más limitados.

Estas experiencias sugieren que los modelos mixtos o públicos no son solo posibles, sino también deseables, cuando el objetivo es desmercantilizar parcialmente la cultura y orientarla hacia la cohesión social, el arraigo comunitario y la sostenibilidad. Tal y como señala Pierre-Michel Menger, la cultura no puede comprenderse solo desde la lógica del mercado, ya que cumple funciones simbólicas, educativas y democráticas que exigen políticas de protección y redistribución. Apostar por la financiación pública de macrofestivales no implica negar su dimensión económica, sino reorientar su estrategia hacia fines de interés común. Frente a la concentración de poder de las superestructuras privadas, el dinero público permite articular la cultura como un derecho, y no únicamente como un producto, fortaleciendo así los vínculos entre ciudadanía, territorio y producción simbólica.

Por el contrario, aceptar que el dinero público destinado a la cultura termine en manos de superestructuras con actividades contrarias a los derechos humanos no debe ser considerado un hecho inevitable o un precio que hay que pagar por el desarrollo de una industria multimillonaria que da trabajo a miles de personas: es, en esencia, normalizar la incoherencia institucional. Es enviar un mensaje claro —aunque implícito— al contribuyente: sus impuestos pueden servir para financiar, en el mismo flujo de capital, tanto la música que ama como la opresión que rechaza. Esta contradicción erosiona la legitimidad de las políticas culturales y abre un precedente peligroso, porque establece que la rentabilidad económica o el brillo mediático de un evento están por encima de los principios que el propio Estado proclama en foros internacionales.

El argumento más habitual para justificar esta práctica es que todo está interconectado y que resulta imposible aislar las inversiones de un conglomerado global. Sin embargo, esta postura es una renuncia explícita a la responsabilidad política. Es un lavado de manos que contrasta con la rigurosidad ética que sí se aplica en otros sectores: las ONGs que solicitan subvenciones deben cumplir estándares claros de transparencia y derechos humanos; empresas condenadas por corrupción o fraude quedan —al menos así sucede en otros países como Alemania, no así en España— excluidas de licitaciones públicas; e incluso se establecen listas negras para evitar contratar con firmas vinculadas a delitos medioambientales. La pregunta es inevitable: ¿cuándo se van a aplicar los mismos filtros al sector cultural, especialmente cuando se trata de macroeventos con fuerte implicación empresarial y transnacional, que tienen conexiones probadas con, por ejemplo, un genocidio en curso?

La respuesta pasa por medidas concretas y operativas. En primer lugar, deben establecerse cláusulas éticas vinculantes en todas las subvenciones culturales: cualquier empresa que aspire a recibir fondos públicos debería demostrar que su matriz, sus filiales y sus principales accionistas no participan —directa o indirectamente— en actividades que vulneren derechos humanos reconocidos por la ONU, como la explotación laboral, la persecución de minorías o la financiación de conflictos armados. En segundo lugar, debe imponerse la transparencia corporativa de forma obligatoria: antes de liberar un solo euro, las administraciones deberían exigir la publicación detallada del mapa de propiedad y del portafolio de inversiones del beneficiario, de forma que la ciudadanía pueda auditar el uso de sus impuestos. En tercer lugar, se deben fomentar activamente una serie de modelos alternativos: priorizar la financiación de festivales independientes, cooperativos o con gobernanza local que reinviertan sus beneficios en el tejido cultural y social de la comunidad que los acoge, evitando que la riqueza generada escape a paraísos fiscales o a conglomerados con negocios opacos. Por último, se deben incorporar evaluaciones de impacto social y reputacional junto a los informes de retorno económico: medir no solo cuántos millones deja un evento en hoteles y restaurantes, sino también si la operación refuerza o debilita los valores democráticos y los compromisos internacionales del país.

Ejemplos recientes subrayan la urgencia de estas medidas. El caso de AEG Presents, cuyo fundador Philip Anschutz ha sido señalado por inversiones en industrias fósiles y por donaciones a grupos contrarios a derechos LGTBI+, ilustra cómo un festival que proyecta una imagen progresista y sostenible como Coachella puede, al mismo tiempo, alimentar financieramente agendas políticas y empresariales opuestas a esos mismos valores. En España, varias ediciones del Arenal Sound y otros macroeventos han recibido importantes subvenciones o beneficios fiscales sin que existiera un examen público sobre la estructura societaria de los promotores ni sobre el destino final de los beneficios.

En otros países, festivales organizados por conglomerados de alcance global se han instalado en territorios con leyes represivas, funcionando como escaparates culturales que proyectan modernidad y tolerancia hacia el exterior, mientras la represión política y social continuaba intacta de puertas para adentro. Un caso paradigmático es el MDLBEAST Soundstorm en Arabia Saudí, un macrofestival electrónico que ha contado con artistas internacionales de primer nivel y con la colaboración de promotores globales, celebrado en un país donde la homosexualidad está criminalizada y donde organizaciones como Human Rights Watch han denunciado la detención de activistas por los derechos de las mujeres. En Emiratos Árabes Unidos, eventos como el Formula 1 Yasalam After-Race Concert han sido producidos por agencias vinculadas a conglomerados occidentales, pese a las denuncias por explotación laboral de migrantes y restricciones severas a la libertad de expresión. Incluso en contextos de crisis política, como en Hungría, festivales como el Sziget, celebrado en Budapest, han atraído inversión extranjera y patrocinio global en un país donde la Unión Europea ha abierto procedimientos por vulneraciones al Estado de derecho, sirviendo de vitrina cosmopolita mientras se restringen derechos de prensa y asociación.

En la edición de Lollapalooza Brasil 2022, la música se convirtió en el epicentro de una batalla por la libertad de expresión. En plena campaña electoral, la justicia brasileña emitió una orden que prohibía a los artistas realizar declaraciones políticas en el escenario, tras las críticas que algunas actuaciones habían dirigido contra el entonces presidente Jair Bolsonaro. La medida fue interpretada por gran parte de la opinión pública como un acto de censura preventiva, y la reacción no se hizo esperar. La cantante y activista Pabllo Vittar, una de las figuras más influyentes de la música brasileña, desafió abiertamente la prohibición: alzó una bandera con la imagen del candidato opositor Luiz Inácio Lula da Silva y dedicó mensajes de apoyo a su causa, desatando una ovación masiva entre el público. Otros artistas, nacionales e internacionales, respaldaron el gesto desde el escenario y en redes sociales, generando una ola de solidaridad que traspasó las fronteras del festival. La controversia convirtió Lollapalooza en un escenario político improvisado, intensificando la tensión entre el sector cultural y el gobierno, y dejando en evidencia que, incluso en un evento global patrocinado por grandes marcas, la música puede desafiar las estructuras de poder y convertirse en un altavoz de resistencia simbólica.

En Sudáfrica, el Ultra Music Festival ha mantenido ediciones patrocinadas por marcas multinacionales mientras el país afrontaba denuncias por brutalidad policial y violencia sistemática contra colectivos vulnerables, sin que estos temas aparecieran en la narrativa oficial del evento. Estos casos, repartidos en distintos continentes, muestran cómo la cultura, gestionada por corporaciones transnacionales, puede integrarse estratégicamente en la diplomacia de *soft power* de gobiernos o contextos empresariales cuestionados, generando una imagen internacional favorable sin alterar la realidad interna de sus políticas o prácticas represivas.

Permitir que esta dinámica continúe sin supervisión es una renuncia inasumible a la coherencia. Significa aceptar que la cultura puede ser utilizada como un barniz estético para operaciones de blanqueo reputacional, donde los valores que se celebran sobre el escenario son los mismos que se vulneran fuera de él con el dinero que ese espectáculo genera. Invertir en cultura con fondos públicos no es —ni debe ser— un acto neutral: implica una responsabilidad hacia la comunidad que paga y hacia los principios que esa comunidad dice defender. Blindar ese compromiso mediante criterios éticos claros no solo es posible, sino urgente, si queremos que la música y las artes sigan siendo espacios de libertad y no herramientas involuntarias de legitimación para quienes, en otros frentes, socavan esa misma libertad.

Resistencia moral
vs. *virtue signaling*

Cuando las y los artistas se posicionan públicamente frente a una injusticia o un conflicto, la diferencia entre lo que podemos llamar resistencia moral y lo que se conoce como *virtue signaling* no siempre es evidente, aunque resulta crucial para entender el alcance real de sus acciones.

Como ya se ha señalado en otros momentos de este ensayo, la resistencia moral implica un compromiso sostenido con principios éticos que lleva a tomar decisiones que conllevan un coste tangible: renunciar a ingresos, visibilidad o posiciones de prestigio con tal de no legitimar aquello que se considera injusto. No es un gesto vacío, es una acción que busca incidir materialmente en las estructuras de poder. Ejemplos hay muchos y de distintas épocas. En 1985, decenas de músicos internacionales, entre ellos Bruce Springsteen, Run-D.M.C., Miles Davis y Lou Reed, participaron en la campaña *Artists United Against Apartheid*, negándose a actuar en Sun City, un complejo turístico situado en un bantustán sudafricano[77], mientras otros artistas devolvían invitaciones millonarias para no blanquear el régimen del *apartheid*. En la actualidad, casos como el de Skee Mask, Deerhoof o Charlie Waldren retirando su música de Spotify en protesta por el modelo de reparto de royalties y por las inversiones de Daniel Ek —el CEO de la plataforma sueca— en empresas de tecnología militar muestran que aún hay músicos dispuestos a asumir pérdidas económicas con tal de no sostener una estructura que consideran inmoral. En 2025, las distintas cancelaciones de artistas en festivales españoles gestionados por Superstruct son otro ejemplo nítido: artistas renunciando a cachés importantes y a escenarios masivos por coherencia política.

El *virtue signaling*, en cambio, describe gestos o declaraciones que exhiben virtud moral pero que no implican un compromiso real con el cambio estructural. Son manifestaciones pensadas para reforzar la propia imagen pública, sin que supongan un riesgo o una pérdida significativa. Es frecuente en la industria musical actual, sobre todo en un ecosistema mediático

---

77 Un bantustán sudafricano, también llamado *homeland* o *patria*, fue un territorio asignado durante el *apartheid* (1948-1994) para concentrar a la población negra en áreas separadas de las zonas habitadas por blancos. Oficialmente presentados como "naciones" autónomas, en realidad eran enclaves fragmentados, pobres y sin soberanía real, creados para legitimar la segregación racial y privar a la mayoría negra de ciudadanía y derechos políticos en Sudáfrica.

que premia lo viral y lo inmediato. En festivales europeos recientes, hemos visto a artistas subir al escenario con banderas LGTBIQ+ o palestinas mientras actuaban en eventos patrocinados por empresas con inversiones directas en industrias armamentísticas o energéticas altamente contaminantes. Estos gestos, aunque simbólicamente visibles, no alteran la relación del artista con la estructura que financia el evento. Un caso ilustrativo ocurrió en el festival Coachella, donde algunos músicos utilizaron mensajes sobre sostenibilidad y justicia social en un evento que, simultáneamente, era patrocinado por corporaciones con un historial ambiental cuestionable y con una huella de carbono masiva por la logística de desplazamientos aéreos y producción.

La diferencia entre ambas prácticas se entiende mejor observando su relación con el coste y la coherencia. La resistencia moral se mide por el sacrificio y la voluntad de romper con el marco institucional que se rechaza: cuando Beyoncé en 2016 se negó a actuar en una gala benéfica financiada por donantes que habían apoyado públicamente políticas discriminatorias, o cuando Massive Attack canceló en 2021 su presencia en un festival británico por el patrocinio de bancos con fuertes inversiones en combustibles fósiles, lo hicieron a sabiendas de que habría repercusiones económicas y mediáticas. El *virtue signaling*, en cambio, se acomoda al sistema que critica: artistas que firman manifiestos contra el machismo en la industria mientras aceptan contratos con promotores denunciados por acoso laboral, o que dedican unos minutos de su concierto a criticar la crisis climática mientras participan en giras con huellas ecológicas descomunales.

Ambas prácticas, sin embargo, conviven y a veces se mezclan, lo que complica el juicio público. Hay gestos que empiezan como *virtue signaling* y se transforman en resistencia moral cuando se sostienen en el tiempo y se acompañan de decisiones estructurales; y otros que nacen como actos de resistencia moral pero que son absorbidos por la narrativa corporativa de apertura y pluralidad. El caso antes mencionado del Rototom Sunsplash en 2015 lo ilustra: tras expulsar a Matisyahu por no posicionarse sobre el conflicto palestino-israelí, el festival rectificó su decisión y presentó el cambio como ejemplo de tolerancia y diversidad, neutralizando parte de la discusión original y capitalizando mediáticamente un conflicto que, en principio, iba contra su imagen.

Las superestructuras de la música en directo han aprendido a convivir con ciertas expresiones críticas, e incluso a integrarlas como parte de su *branding* cultural. Naomi Klein describió este mecanismo en *No Logo*: la incorporación de la estética de la protesta y el discurso progresista como un valor de marca. Un festival puede acoger en su programación a un artista que critique en directo la financiación del evento, siempre y cuando el impacto no pase de lo simbólico y no afecte a la viabilidad económica ni a la red de patrocinadores.

La resistencia moral, en cambio, es disruptiva para esta superestructura porque rompe la cadena de extracción: un artista que cancela una actuación priva al evento de contenido, visibilidad y legitimidad; un colectivo que se niega a actuar bajo ciertas condiciones obliga a los promotores a reconsiderar alianzas y patrocinios; un boicot masivo del público amenaza la narrativa de éxito y cosmopolitismo que estas empresas venden a patrocinadores y autoridades. Son actos que generan fricción real y, por tanto, riesgo económico.

El *virtue signaling* puede coexistir cómodamente con el extractivismo cultural, porque no interrumpe la circulación de capital ni desafía las bases materiales del modelo. Es más, la superestructura lo fomenta porque le permite simular cierto carácter progresista mientras continúa operando con la misma lógica de concentración de riqueza y homogeneización cultural.

En un tiempo en el que los macrofestivales se presentan como escaparates de diversidad y libertad mientras concentran capitales, precarizan trabajo y homogeneizan la oferta cultural, la verdadera radicalidad no siempre estará en lo que se dice sobre el escenario, sino en las decisiones silenciosas que se toman: rechazar un contrato, romper con un patrocinador, retirarse de una cartelera o construir circuitos independientes. La diferencia, al final, se mide menos por los *likes* en redes sociales que por la capacidad que tienen esas acciones de desafiar, aunque sea de forma parcial, la maquinaria extractivista que se oculta tras los logos resplandecientes de algunos macrofestivales.

Outro

La primera vez que compré una entrada para un festival fue en abril de 1996, pocos días antes de que el Festimad abriera sus puertas en el Parque del Soto de Móstoles, una localidad de clase media trabajadora al suroeste de Madrid que ya contaba con casi 200 000 habitantes censados en esa fecha. Tenía 17 años y tuve que ir en persona a la tienda Madrid Rock de la Gran Vía para pagar con dinero en efectivo. Por aquel entonces no se podía abonar los conciertos de otra manera. Me gasté 4000 pesetas —apenas 24 euros al cambio actual— para ver a Rage Against The Machine, Cypress Hill, Rancid, Ash o El Club de los Poetas Violentos. El abono de los dos días costaba el doble, pero a mí solo me interesaban los grupos del viernes 3 de mayo. También puede ser que a mis padres no les pareciera bien que fuera los dos días, quién sabe. El sábado estaban programadas las actuaciones de Smashing Pumpkins, Jesus & Mary Chain, Terrorvision, Cocteau Twins o Los Planetas, hasta completar un total de veinte.

En el inmenso cartel a dos tintas con el que llevaban meses empapelando la ciudad, había una clamorosa ausencia de logos. Observando las fotos en papel que todavía guardo, me doy cuenta de que tampoco se ve publicidad en las lonas de los escenarios ni se distingue ningún *stand* de promoción de nada. Por supuesto, no había zona VIP ni lugares exclusivos para clientes de ningún banco. Las marcas no habían aterrizado todavía en el fértil negocio de la música en vivo. Las 20 000 personas que nos dimos cita en aquel parque extraño y apenas preparado para nuestro asedio teníamos más aspecto de excursionistas que de otra cosa.

Repetiría los dos años siguientes con mis nuevas amistades de la universidad, algunas de las cuales todavía conservo. En 1998 decidimos que lo más práctico era quedarse a pasar la noche en el recinto. El Festimad seguía siendo una zona catastrófica, incómoda y llena de polvo, con pocos servicios y carente de cualquier cosa cercana al lujo, donde el tiempo de espera para conseguir algo de beber se medía en horas y no en minutos, y en la que solo la extinta cadena de tiendas

Tipo y la histórica discográfica Subterfuge Records se aventuraron a patrocinar. Un lugar en el que había que agudizar el ingenio para hacer de aquel fin de semana algo memorable y donde conceptos como *experiencia de marca* o *glamping* tardarían todavía décadas en llegar. Sin embargo, los que estábamos descubriendo la música en la era preinternet teníamos que pagar la entrada para un festival porque, ¿dónde si no iba a ser posible ver a tantos artistas internacionales en solo dos días?

Verano de 1999. Todavía faltaban dos años para la llegada del euro y mi hermana Patricia —somos mellizos— y yo conseguimos, gracias a un contacto de mi padre, un trabajo de verano creando bases de datos en una empresa cerca del aeropuerto de Zaventem, a las afueras de Bruselas. A cambio de un lugar para vivir en una preciosa calle del centro de la ciudad y algo de dinero de bolsillo, nos pasamos un par de meses lejos de Madrid picando nombres y direcciones en un programa que se llamaba Siebel. Sin móvil, sin ordenador portátil, sin la tecnología que ahora consideramos doméstica, me enteré de que Good Life Recordings, el sello más potente de la escena hardcore de Bélgica, y responsable de que llegaran a mis oídos grupos como As Friends Rust, Congress, Morning Again o Spirit of Youth, organizaba la primera edición de un festival en una granja a las afueras de Kortrijk, un pequeño pueblo de la zona flamenca del país. Conseguí una tienda de campaña, una esterilla y un saco de dormir y me fui a la aventura con un itinerario impreso en papel. No conocer a nadie no fue un impedimento. A medida que iba subiéndome en trenes y autobuses para acercarme al lugar, reconocía entre el resto de los pasajeros a aquellas personas con las que habría de compartir los siguientes dos días, gracias a detalles que solo reconocíamos los que formábamos parte del movimiento: una chapa, un parche, una camiseta de un grupo determinado, la manera de llevar los pantalones, unas llaves colgando de un mosquetón. En el último tramo ya solo quedábamos nosotros. No creo que hubiera nadie mayor de 30 años.

La taquilla era una mesa plegable de camping y los francos belgas se amontonaban en una caja de caudales azul. Las pulseras de papel eran amarillas y no había servicio de seguridad ni vallado que bordeara el recinto. La granja tenía una piscina, un edificio principal donde estaba el único escenario —que había servido de establo o de gallinero en el pasado, supuse— y un montón de terreno donde cada cual podía acampar libremente. Toda la oferta culinaria se reducía a un único puesto de comida vegana donde también se vendía la bebida y entre las encargadas reconocí a las dos chicas que me habían cobrado la entrada y ajustado la pulsera al llegar. No creo que fuéramos más de quinientas personas las que asistimos a la primera edición del Good Life Festival. Más tarde supe que entre ellas estaban los fundadores del Hellfest de Clisson (Francia), el evento de metal y músicas extremas más importante de Europa, que ha reunido a más de 230 000 asistentes en su edición de 2025 y que, casualidad, forma parte de Superstruct Entertainment desde el año 2022. Al no haber más luz eléctrica que la del alumbrado que ya existía en la granja, la jornada de conciertos se daba por terminada cuando la oscuridad impedía adivinar qué grupo estaba sobre el escenario.

Por aquel entonces gestionaba una pequeña distribuidora de discos y fanzines de punk y hardcore llamada DoneWrong Records[78], que tenía como centro de operaciones la habitación donde vivía en casa de mis padres. Me carteaba con gente de todo el mundo y todavía conservo la correspondencia en dos cajas de mudanza en Madrid. Hablé con alguien de la organización y me dejaron vender sin condiciones ni porcentajes los discos que llevaba conmigo. Había un montón de tablones de madera sobre caballetes para que cualquiera pudiera vender o intercambiar material. Así conocí a dos chavales al poco rato de llegar al evento, un estadounidense sin domicilio fijo que estaba recorriendo

---

78 En referencia a mi canción favorita de mi artista favorita, Ani Difranco. «Done Wrong» está incluida en el disco *Dilate* (Righteous Babe Records, 1996).

Europa durmiendo en casas okupas y asistiendo a festivales como ese y un belga llamado Pieter, con el que mantuve el contacto hasta años más tarde, que ejercía de socorrista durante el día en la piscina del recinto. Los tres nos definíamos como *straight edge*[79] y compartíamos gustos y visión del mundo. Éramos solo una muestra de un microcosmos emocionante que parecía moverse por debajo del radar de un capitalismo de última generación que empezaba a testear sus productos estrella —la gentrificación cultural, el extractivismo económico, la precariedad y la desigualdad estructural— antes de que la llegada de los *smartphones* y las redes sociales acelerara definitivamente estos procesos y lo hiciera saltar todo por los aires. Si en ese momento nos hubieran dicho que el turbocapitalismo acabaría comercializando a gran escala el sentimiento de disidencia, libertad y hermandad que latía con fuerza en esa granja, nos hubiéramos desmayado de la risa.

---

79 El movimiento *straight edge* surgió a principios de los años ochenta dentro de la escena del hardcore-punk en Estados Unidos, como una reacción en contra del consumo de alcohol, drogas y del estilo de vida autodestructivo abanderado por el punk británico. Inspirado por la canción «Straight Edge» de Minor Threat —grupo pionero de Washington D. C. cuyo líder, Ian MacKaye, es una figura crucial en la historia de la música *underground*—, este colectivo promueve la abstinencia y rechaza el consumo de productos de origen animal a todos los niveles. Es un movimiento contracultural que combina ética personal, compromiso político y crítica al sistema, que continúa influyendo en bandas y escenas de hardcore-punk de todo el mundo.

En retrospectiva, mi generación fue durante años el banco de pruebas perfecto para lo que vino después. No tengo duda de que el pecado original en el que se sostiene el paradigma actual lo cometimos una juventud entusiasmada por formar parte de algo secreto, casi mágico, que sucedía en momentos y lugares muy determinados, que nos reunía bajo unos códigos que el resto de la sociedad desconocía y por los que éramos objeto de burla en nuestros centros de estudio o trabajo durante el resto del año. Los cortes de pelo, la ropa, los hábitos de consumo: todo estaba estudiado en nuestro pequeño universo y nada tenía sentido fuera de él. Algunos telediarios y suplementos culturales de los periódicos de tirada nacional que se apilaban en los quioscos acordaron clasificarnos en "tribus urbanas", como si de esa manera pudieran acceder al significado de nuestra propia existencia. No había forma de contrarrestar aquella impertinencia porque la información emitida por los medios *mainstream* era unidireccional, sin posibilidad de interacción con la comunidad de usuarios más allá de una sección de *cartas al director* —en masculino singular—, de modo que nos enfadábamos un rato y seguíamos a lo nuestro: fanzines, conciertos, cintas TDK-D60 donde copiar cedés y productos de *merchandising* que llegaban con cuentagotas. Como en todo, había un sesgo de clase del que nos percatamos después, pero una entrada para un festival era algo que la gran mayoría todavía se podía permitir.

En silencio, como una pantera que espera al otro lado del río, el capitalismo fue tomando nota e identificando todo aquello que nos hacía felices para apropiárselo, transformar su esencia y vendérnoslo de vuelta años después, esta vez a precio de bienes de lujo y sumido en la infamia: si hubieran existido las redes sociales el día que se supo que H&M vendía camisetas de Nirvana, el algoritmo habría estallado en una gran bola de fuego. Cometimos el error de señalar cuál era el camino y avalamos el poder de atracción que tenían los festivales; lo que antes era el deseo de una minoría se convirtió en la actividad favorita de la mayoría. Lo pregonamos a los cuatro vientos y el viento nos devolvió un monstruo al que no nos pudimos enfrentar.

Para que esto ocurriera tuvieron que pasar algunas revoluciones tecnológicas en paralelo, pero este es el resumen del drama de la música en directo. Fuimos los primeros que, tras el cambio definitivo de paradigma, mostramos una emoción disparada y sostenida, los primeros *influencers* involuntarios (antes de que ese anglicismo se colara para siempre en nuestras vidas). Y fue eso lo que nos convirtió en colaboradores necesarios: ayudamos a dar valor a esas estructuras y las hicimos atractivas a los ojos del gran capital. Gracias a personas como yo, los macrofestivales son ahora la música de fondo con la que se echa unos bailes el capital privado internacional, el famoso 1 %. No fue un hecho puntual, ni fui un turista de paso: han sido treinta años, primero como público y después como artista, como periodista, como miembro del equipo directivo, como sello discográfico y como patrocinador. Si lo hubiera sabido entonces, habría puesto freno a mi entusiasmo.

Notas

Biografías mínimas

Ahmed, Sara (Salford, Reino Unido, 1969). Es una teórica feminista británica-australiana cuyas investigaciones han sido fundamentales en los campos de los estudios de género, la teoría *queer*, la fenomenología y la teoría crítica de la raza. Con un estilo ensayístico y accesible, su obra examina cómo las emociones, los cuerpos y las instituciones se entrecruzan en la reproducción del poder. Libros como *La política cultural de las emociones* (2004) y *Vivir una vida feminista* (2017) exploran cómo el feminismo se vive cotidianamente como práctica ética y de resistencia. Ahmed también ha sido una crítica contundente de la violencia institucional y el racismo estructural en el ámbito universitario.

de Amaral, Olga (Bogotá, Colombia, 1932). Artista visual y textil colombiana, reconocida internacionalmente por un lenguaje propio que fusiona tejidos escultóricos, abstracción lumínica y simbolismo ancestral. Estudió diseño arquitectónico en el Colegio Mayor de Cundinamarca y posteriormente se formó en *fiber art* —una forma de arte que utiliza materiales fibrosos, tanto naturales como sintéticos, para crear obras tridimensionales— en la Cranbrook Academy of Art de Michigan, Estados Unidos (1954–55), lo que sentó las bases de su innovadora obra. Pionera del *fiber art* en América Latina, desde los años sesenta fusionó fibras naturales, gesso y pan de oro o plata, desarrollando tapices monumentales que desdibujan los límites entre pintura, escultura y artesanía. Su obra, inspirada en culturas precolombinas y tradiciones artesanales colombianas, ha sido celebrada en exposiciones como la retrospectiva en la Fundación Cartier de París en 2024, que reunió casi 90 piezas. Ha sido merecedora de distinciones como la beca Guggenheim en 1973 y el reconocimiento de «artista visionaria» por el Museum of Arts and Design de Nueva York en 2005.

Anschutz, Philip Frederick (Russell, Kansas, Estados Unidos, 1939). Es un empresario y magnate estadounidense cuya fortuna se ha forjado principalmente en los sectores de la energía, las telecomunicaciones, el transporte y el entretenimiento. Fundador y propietario de The Anschutz Corporation, su imperio incluye participaciones en medios de comunicación, franquicias deportivas y, a través de AEG Live (hoy AEG Presents), en la organización de macroeventos musicales como el festival Coachella. Figura de perfil bajo mediático, ha sido objeto de controversia por sus contribuciones financieras a organizaciones conservadoras y causas políticas alineadas con la derecha cristiana estadounidense.

Attali, Jacques (Argel, Argelia, 1943). Es un economista, teórico social y ensayista francés cuya obra se caracteriza por su enfoque interdisciplinar y su influencia tanto en el pensamiento crítico como en la política pública. Formado en instituciones de élite como la École Polytechnique y Sciences Po, fue asesor principal del presidente

François Mitterrand y fundador del Banco Europeo de Reconstrucción y Desarrollo. Ha escrito más de 80 libros. Su pensamiento articula una crítica al capitalismo neoliberal, alertando sobre los efectos de la financiarización, la mercantilización de la cultura y la desigualdad global. Attali es considerado una figura clave para comprender las conexiones entre cultura, economía y poder en la modernidad tardía.

Barghouti, Omar (Catar, 1964). Es un activista palestino y defensor de los derechos humanos. Desde 1993 vive en Acre (Israel) con residencia permanente, tras casarse con una mujer árabe israelí. Posee un máster en ética por la Universidad de Tel Aviv y cursa un doctorado en Filosofía en la Universidad de Ámsterdam. Es autor del libro *BDS: The Global Struggle for Palestinian Rights* (2011) y recibió el Premio Gandhi a la Paz en 2017 por su trabajo en materia de justicia global. Se opone firmemente a la solución de dos Estados, argumentando que es insuficiente para resolver las injusticias fundamentales contra el pueblo palestino, y aboga por una solución de un solo Estado laico y democrático con plena igualdad de derechos para todos los habitantes de la región. En 2017 fue arrestado bajo sospechas de evasión fiscal, aunque nunca fue formalmente acusado hasta 2021. Sus críticas abiertas al proceso de paz y su estrategia de boicots académicos, culturales y comerciales continúan suscitando debate internacional sobre los límites del activismo y los riesgos de estigmatización política.

Barthes, Roland (Cherburgo, Francia, 1915–París, Francia, 1980). Fue un crítico literario, semiólogo y ensayista francés, figura clave en el estructuralismo y el posestructuralismo. Su trabajo exploró cómo los sistemas de signos, desde la literatura hasta la cultura popular, producen y transmiten significados. En obras como *Mitologías* (1957) analizó los mitos modernos y en *La muerte del autor* (1967) cuestionó la autoridad única del creador sobre la interpretación de sus textos. Barthes también investigó la fotografía, la moda y el placer de la lectura, dejando un legado central en los estudios culturales y la teoría de la comunicación.

Born, Georgina (Londres, Reino Unido, 1955). Es una reconocida antropóloga, socióloga y musicóloga británica, especializada en el estudio crítico de la música, los medios y las instituciones culturales. Comenzó su trayectoria como violonchelista en el grupo experimental Henry Cow antes de dedicarse a la investigación académica. Ha sido profesora en la Universidad de Cambridge y es catedrática en la Universidad de Oxford. Sus obras más influyentes, como *Rationalizing Culture: IRCAM, Boulez, and the Institutionalization of the Musical Avant-Garde* (1995) y *Music, Sound and Space: Transformations of Public and Private Experience* (2013), abordan cómo la música y el sonido están profundamente vinculados a relaciones de poder, tecnología e identidad, rechazando la idea de la música como arte autónomo y proponiendo entenderla como una práctica social situada.

Bourdieu, Pierre (Denguin, Francia, 1930–París, Francia, 2002). Fue un destacado sociólogo francés, considerado uno de los pensadores más influyentes del siglo XX. Formado en filosofía y etnología, desarrolló una sociología crítica con el poder y la cultura, donde introdujo conceptos clave como *habitus*, *campo*, *capital simbólico* y *violencia simbólica*. Su obra más conocida, *La distinción: criterio y bases sociales del gusto* (1979), analiza cómo las prácticas culturales reproducen las desigualdades sociales. Bourdieu combinó teoría y activismo, especialmente en defensa de la autonomía del arte, la educación pública y el pensamiento crítico. Su legado ha sido central en los estudios sobre clase social, educación, medios de comunicación y cultura.

Butler, Judith (Cleveland, Ohio, Estados Unidos, 1956). Es una filósofa y teórica estadounidense, reconocida por sus aportes a la teoría queer, los estudios de género y la filosofía política. Su obra más influyente, *El género en disputa* (1990), revolucionó el pensamiento feminista al proponer que el género es una construcción performativa, no una esencia fija. Ha escrito también sobre precariedad, violencia, subjetividad y normas sociales, con un enfoque ético y crítico. Su pensamiento ha tenido un profundo impacto en las humanidades y en los movimientos sociales que luchan por la igualdad y la diversidad.

Celaya, Gabriel (Hernani, 1911–Madrid, 1991). Fue, junto con Blas de Otero y Eugenio de Nora, uno de los más destacados representantes del movimiento «poesía social» que tuvo lugar en el siglo XX y que defendía la poesía no elitista como herramienta para cambiar el mundo. En sus propias palabras: «Nada de lo humano debe quedar fuera de nuestra obra. En el poema debe haber barro, con perdón de los poetas poetísimos. La Poesía no es un fin en sí. La Poesía es un instrumento, entre otros, para transformar el mundo».

Choi, Wook-kyung (Seúl, Corea del Sur, 1940–Seúl, Corea del Sur, 1985). Fue una pintora expresionista abstracta surcoreana cuya obra estableció un puente crítico entre el expresionismo abstracto estadounidense y el arte informal coreano (*Korean Informel*). Tras graduarse de la Seoul National University en 1963, estudió en la Cranbrook Academy of Art y en la Brooklyn Museum Art School en Estados Unidos, donde incorporó influencias de artistas como Willem de Kooning, Robert Motherwell y Mark Rothko. De regreso en Corea en 1979, impartió clases en la Yeungnam University y la Duksung Women's University, hasta su fallecimiento en 1985. Su obra ha sido exhibida en retrospectivas notables —como «*American Years, 1960s–70s*» (Kukje Gallery, 2016) y «*Alice's Cat*» (MMCA, 2021)— y ha sido incluida en exposiciones como «*Action, Gesture, Paint: Women Artists and Global Abstraction 1940-1970*» en la Whitechapel Gallery de Londres (2023).

Cruz, Nando (Barcelona, 1968). Periodista musical activo desde finales de los años ochenta y conocido por su crónica rigurosa y, de un tiempo a esta parte, por su crítica profunda a la situación actual de la música en directo. Ha colaborado en medios como *El Periódico*, *Rockdelux* y programas de radio y televisión, destacándose por dar voz a escenas musicales marginales desde iniciativas como Otros Escenarios Posibles y el programa *10 000 fogueres*. Sus dos libros esenciales son: *Pequeño circo: Historia oral del indie en España* (Contra, 2015) y *Macrofestivales: El agujero negro de la música* (Ediciones Península, 2023).

Debord, Guy (París, Francia, 1931–Bellevue la Montagne, Francia, 1994). Fue un filósofo, cineasta y teórico político francés, conocido por su papel central en el movimiento situacionista y por su crítica radical a la sociedad capitalista contemporánea. Fue autor de *La sociedad del espectáculo* (1967), una obra fundamental en la teoría crítica, donde denuncia cómo el capitalismo transforma todas las relaciones sociales en imágenes y consumo pasivo. Debord propuso formas de resistencia creativa a través del arte y la intervención urbana. Su pensamiento influyó profundamente en el Mayo del 68 francés y en las corrientes anticapitalistas posteriores.

Derrida, Jacques (El Biar, Argelia, 1930–París, Francia, 2004). Fue un filósofo francés, reconocido por desarrollar la *deconstrucción*, un enfoque crítico que cuestiona las oposiciones binarias y las jerarquías implícitas en el lenguaje y los textos. Su obra, iniciada con *De la gramatología* (1967), influyó profundamente en la filosofía, la literatura y los estudios culturales, proponiendo que el significado es siempre inestable y abierto a múltiples interpretaciones. Derrida abordó temas como la escritura, la diferencia, la hospitalidad y la justicia, convirtiéndose en una figura central del posestructuralismo y el pensamiento contemporáneo.

Difranco, Ani. (Buffalo, Nueva York, Estados Unidos, 1970) es una cantautora, poeta y activista estadounidense, reconocida por su estilo, que fusiona folk, rock, punk y funk con letras de fuerte contenido político y social. Fundó su propio sello discográfico, Righteous Babe Records, en 1990, convirtiéndose en un símbolo de independencia artística dentro de la industria musical. Su obra aborda temas como el feminismo, los derechos LGBTQ+, la justicia social y la crítica al capitalismo, combinando compromiso político con una marcada identidad creativa. A lo largo de su carrera ha publicado más de veinte álbumes y ha influido a generaciones de artistas con su enfoque autogestionado y su voz crítica.

Durkheim, Émile (Épinal, Francia, 1858–París, Francia, 1917). Fue un sociólogo y filósofo francés, considerado uno de los fundadores de la sociología moderna. Desarrolló una metodología científica para el estudio de los hechos sociales y destacó el papel de la cohesión social, la moral colectiva y las instituciones en el funcionamiento de la sociedad. En obras como *El suicidio* (1897) y *Las formas elementales de la vida religiosa* (1912), analizó cómo las normas y valores compartidos sostienen el orden social. Su pensamiento sentó las bases del funcionalismo y sigue siendo central en el análisis de las dinámicas sociales y culturales.

Engels, Friedrich (Barmen, Alemania 1820–Londres, Reino Unido, 1895). Fue un filósofo, economista, teórico político y revolucionario alemán, estrecho colaborador de Karl Marx y cofundador del comunismo científico. Procedente de una familia industrial, combinó su experiencia en el mundo empresarial con un compromiso político radical, denunciando las condiciones de la clase trabajadora en obras como *La situación de la clase obrera en Inglaterra* (1845). Junto a Marx, coescribió *El manifiesto comunista* (1848) y apoyó económicamente su labor intelectual. Tras la muerte de Marx, Engels editó y publicó los volúmenes II y III de *El capital*, consolidando su legado teórico.

Fassin, Didier (Francia, 1955). Es un reconocido antropólogo, sociólogo y médico, célebre por sus aportes a la antropología moral y política. Entre sus obras más influyentes destacan *La razón humanitaria: Una historia moral del tiempo presente* (2011), *La vie: Mode d'emploi critique* (2018) y *La fuerza del orden: Una etnografía del accionar policial en las periferias urbanas* (2010), donde analiza cómo las políticas estatales gestionan la vida y el sufrimiento de las poblaciones vulnerables. Fassin ha contribuido a renovar el pensamiento crítico contemporáneo al mostrar cómo las decisiones políticas y administrativas se sostienen en juicios morales desiguales, haciendo de la antropología una herramienta para comprender y confrontar las injusticias del presente.

Foucault, Michel (Poitiers, Francia, 1926–París, Francia, 1984). Fue un filósofo e historiador francés, figura clave del pensamiento contemporáneo, especialmente en la filosofía, la teoría social y la historia de las ideas. Su obra analizó las relaciones entre poder, saber y subjetividad, investigando cómo las instituciones —como la prisión, el hospital o la escuela— moldean a los individuos. En libros como *Vigilar y castigar* (1975) e *Historia de la sexualidad* (1976), mostró cómo el poder opera a través de discursos y prácticas cotidianas. Su enfoque ha influido en múltiples disciplinas, desde la sociología y la criminología hasta los estudios culturales y de género.

Fraser, Nancy (Baltimore, Maryland, Estados Unidos, 1947). Es una filósofa y teórica crítica estadounidense, reconocida por sus aportes al feminismo, la teoría política y la justicia social. Su trabajo aborda las tensiones entre reconocimiento cultural y redistribución económica, proponiendo un enfoque integrador frente a las desigualdades. En obras como *Redistribution or Recognition?: A Political-Philosophical Exchange* (2003, junto a Axel Honneth) y *Fortunas del feminismo: del capitalismo gestionado por el estado a la crisis neoliberal* (2013), analiza cómo el feminismo ha sido cooptado por el neoliberalismo, perdiendo su potencial emancipador. Fraser también ha desarrollado una crítica profunda del capitalismo contemporáneo, proponiendo una visión de justicia orientada a la participación democrática, la equidad económica y la paridad política.

Frith, Simon (1946). Es un destacado sociólogo y crítico musical británico, reconocido por sus estudios sobre la relación entre música, sociedad y cultura. Sus investigaciones han abordado la construcción social de la identidad a través de la música popular. Es autor de libros influyentes como *Sound Effects: Youth, Leisure and the Politics of Rock 'n' Roll* (1981) y *Performing Rites: On the Value of Popular Music* (1996), y ha sido pionero en el análisis académico de la industria musical y sus dinámicas culturales. Actualmente es una referencia obligada en sociología de la música.

Gudynas, Eduardo (Montevideo, Uruguay, 1960). Es un biólogo, investigador y activista especializado en temas de ecología social, desarrollo sostenible y políticas ambientales en América Latina. Es secretario ejecutivo del Centro Latino Americano de Ecología Social (CLAES) y uno de los principales referentes en el debate sobre el postdesarrollo y el Buen Vivir como alternativas al modelo extractivista. Ha publicado numerosos libros y artículos que abordan la relación entre naturaleza, economía y derechos humanos, y es reconocido por su crítica a las formas tradicionales de crecimiento económico y su defensa de modelos que integren justicia social y sostenibilidad ambiental.

Hall, Stuart (Kingston, Jamaica, 1932–Londres, Reino Unido, 2014). Fue un influyente sociólogo y teórico cultural británico de origen jamaicano, considerado uno de los fundadores de los estudios culturales. Su trabajo abordó temas como identidad, raza, medios de comunicación y poder, siendo clave en el análisis del papel de la cultura en las relaciones sociales. Fue director del Centre for Contemporary Cultural Studies de la Universidad de

Birmingham. Introdujo enfoques innovadores sobre la representación y la construcción del sentido en los medios. Su pensamiento ha tenido un impacto duradero en las ciencias sociales y humanidades.

Harvey, David (Gillingham, Reino Unido, 1935). Geógrafo y teórico social considerado uno de los principales pensadores marxistas contemporáneos. Su trabajo se centra en el análisis del capitalismo, la urbanización y la geografía social, y ha sido clave para entender los procesos de acumulación y las dinámicas del neoliberalismo.

Hesmondhalgh, David (Accrington, Reino Unido). Es un académico británico especializado en estudios de medios y cultura, reconocido por su análisis crítico de las industrias culturales y creativas. Profesor en la School of Media and Communication de la Universidad de Leeds, sus investigaciones abordan las intersecciones entre música, medios, tecnología y poder. Es autor de obras clave como *The Cultural Industries* y coautor de *Creative Labour*, donde examina las condiciones laborales en el sector cultural y los impactos de la digitalización. Su trabajo combina enfoques sociológicos y políticos para entender cómo se producen, distribuyen y consumen los bienes culturales en el capitalismo contemporáneo.

Hoffman, Phillip (Fairport, Nueva York, Estados Unidos, 1967–West Village, Nueva York, Estados Unidos, 2014). Es un destacado experto en el mercado del arte contemporáneo y fundador en 2001 del influyente grupo consultor

The Fine Art Fund Group, con sede en Londres y presencia global. Bajo su liderazgo, la compañía lanzó con éxito ocho fondos de inversión en arte, consolidándose como una firma de referencia que ofrece asesoramiento, valoración, financiación y gestión de inversiones en arte valoradas en más de 20 000 millones de dólares anuales, con transacciones por más de 1400 millones de dólares y una base de clientes con oficinas familiares en 28 países. Hoffman es uno de los máximos responsables de la transformación del arte en una clase de activo.

hooks, bell (Hopkinsville, Kentucky, Estados Unidos, 1952–Berea, Kentucky, Estados Unidos, 2021), nacida como Gloria Jean Watkins, fue una destacada intelectual, escritora, feminista y activista social afroamericana. Su obra abordó temas como la intersección entre raza, género, clase y poder, proponiendo un feminismo inclusivo y descolonizador. Con un estilo accesible y directo, escribió libros fundamentales como *¿Acaso no soy una mujer?* (1981) y *Enseñar a transgredir* (1994), donde defendió la educación como práctica de libertad y el amor como fuerza transformadora. Eligió escribir su nombre en minúsculas para dar protagonismo a las ideas por encima de la autoría, convirtiéndose en una voz clave del pensamiento crítico contemporáneo.

Kemp, Luke. Es un investigador afiliado al Centre for the Study of Existential Risk (CSER) en la Universidad de Cambridge y profesor honorífico en la Australian National University, especializado en el estudio de riesgos existenciales globales, entre ellos el cambio climático, la inteligencia artificial y el colapso civilizatorio.

Klein, Naomi (Montreal, Canadá, 1970). Es una periodista, escritora y activista canadiense reconocida por su crítica al capitalismo global, las corporaciones transnacionales y el cambio climático. Su obra más influyente, *No Logo* (1999), se convirtió en un referente del movimiento antiglobalización, mientras que en *La doctrina del shock* (2007) denunció cómo las crisis son aprovechadas para imponer políticas neoliberales. En *Esto lo cambia todo* (2014), vinculó la crisis ecológica con el sistema económico dominante. Klein combina investigación rigurosa con una clara vocación política y ética, siendo una de las voces más visibles del pensamiento crítico contemporáneo.

Luck, Geoff. Es un destacado investigador británico radicado en la Universidad de Jyväskylä (Finlandia), donde ejerce como investigador *senior* en Musicología y profesor asociado en Psicología Experimental. Es director del Sound Science Lab y juega un papel clave en el Centre of Excellence in Music, Mind, Body and Brain (2022-2029), financiado por el Research Council of Finland. Luck es un experto en percepción musical, cognición y experiencia estética, utilizando herramientas como el *machine learning* y computación inteligente para investigar cómo escuchamos, sentimos y actuamos frente a la música en distintos contextos. Entre sus contribuciones destacan estudios sobre *streaming* musical, movimiento inducido por la música y los motores psicológicos del oyente en plataformas digitales. En 2016 publicó un influyente artículo titulado *"The Psychology of Music Streaming: Exploring Music Listeners' Motivations to Favour Access over Ownership"*, que analiza por qué el oyente contemporáneo prefiere el acceso inmediato a la música frente a la propiedad. Además, en 2017 lanzó el libro *The Experience Factor*, que profundiza en cómo ciertas canciones nos cautivan y se convierten en repetidas favoritas desde una perspectiva científica.

Lynn, Scott. Es un emprendedor e inversor estadounidense con una destacada trayectoria en tecnología, publicidad digital y tecnología financiera (*fintech*). En 2004 fundó V2 Ventures, que ha recaudado más de 250 millones de dólares para empresas del sector publicitario digital y más tarde, en 2014, fundó Payability, una plataforma que ha adelantado más de 6000 millones de dólares en capital a vendedores de comercio electrónico.

Lyxzén, Dennis (Vännäs, Suecia, 1972). Es un músico y activista político, conocido principalmente como el líder de la influyente banda de hardcore punk Refused. Firme defensor del anticapitalismo y el veganismo, su obra fusiona música y militancia, especialmente a través del álbum *The Shape of Punk to Come* (1998), considerado un hito del punk moderno. Ha formado parte de múltiples proyectos como INVSN, The (International) Noise Conspiracy, Fake Names o Vännäs Kasino. Su enfoque artístico siempre ha estado ligado a un fuerte compromiso ideológico y estético.

MacKaye, Ian (Washington D. C., Estados Unidos, 1962). Es un músico, productor y figura clave del punk y hardcore estadounidense. Fundador de bandas de culto como Minor Threat y Fugazi, es conocido por haber impulsado —de manera involuntaria, según sus palabras— el movimiento *straight edge* a finales de los años ochenta, que promueve la abstinencia de alcohol y drogas, y un estilo de vida respetuoso con los animales y el medioambiente. Cofundó el sello Dischord Records, fundamental en la escena independiente de Washington, con una ética anticomercial y autogestionada. Su trayectoria encarna la visión del arte como resistencia cultural y coherencia política.

Makeba, Miriam (Johannesburgo, Sudáfrica, 1932–Castel Volturno, Italia, 2008). Fue una cantante y activista sudafricana, conocida internacionalmente como Mamá África por su papel como embajadora cultural del continente. Con una voz poderosa y un repertorio que fusionaba jazz, música tradicional africana y pop, se convirtió en una figura clave en la popularización de ritmos como el *mbaqanga* y el *Afro-pop*. Exiliada durante más de tres décadas por su oposición al *apartheid*, usó su fama para denunciar la segregación racial en foros como las Naciones Unidas y colaboró con artistas como Harry Belafonte, Hugh Masekela y Paul Simon. Ganadora de un Grammy en 1966, Makeba no solo dejó un legado musical influyente, sino también un ejemplo de compromiso político y defensa de los derechos humanos a través de la música.

Marx, Karl (Tréveris, Alemania, 1818–Londres, Reino Unido, 1883). Fue un filósofo, economista, sociólogo, periodista y revolucionario alemán, considerado uno de los pensadores más influyentes de la historia moderna. Junto con Friedrich Engels, desarrolló el materialismo histórico y el comunismo científico, plasmados en obras como *El manifiesto comunista* (1848) y *El capital* (1867). Su pensamiento analiza las dinámicas del capitalismo, las luchas de clase y la explotación laboral, proponiendo la transformación revolucionaria de la sociedad hacia un sistema sin clases. Sus ideas han influido profundamente en la teoría política, la economía y los movimientos sociales a nivel global.

McRobbie, Angela (Reino Unido, 1951). Es una socióloga, teórica cultural y feminista británica, reconocida por sus aportes a los estudios culturales y de género. Formada en el Centro de Estudios Culturales Contemporáneos de Birmingham, sus investigaciones han abordado temas como la juventud, la moda, el feminismo, la precariedad laboral y la cultura popular. En obras como *The Aftermath of Feminism: Gender, Culture and Social Change* (2008), analiza cómo el feminismo ha sido cooptado por el neoliberalismo, transformándose en una narrativa de empoderamiento individual desvinculada de la lucha colectiva. Su trabajo combina crítica social con análisis de medios y cultura visual, destacando por su mirada interseccional y comprometida.

Menger, Pierre-Michel (Forbach, Francia, 1953). Es un sociólogo especializado en sociología del trabajo y de las profesiones culturales. Profesor en el Collège de France y director de estudios en la École des Hautes Études en Sciences Sociales (EHESS), sus investigaciones se centran en la organización del trabajo artístico, la precariedad laboral y las relaciones entre creatividad y economía. Entre sus obras más destacadas figuran *Portrait de l'artiste en travailleur* (2003) y *Le travail créateur* (2009), donde analiza cómo la flexibilidad y la intermitencia se han convertido en rasgos estructurales del empleo en las industrias culturales.

Nussbaum, Martha (Nueva York, Estados Unidos, 1947). Es una filósofa y ensayista estadounidense, destacada por sus aportes a la filosofía moral, el feminismo, la teoría política y el enfoque de las capacidades. Colaboradora cercana de Amartya Sen, ha defendido que el bienestar humano debe medirse por las oportunidades reales que tienen las personas para desarrollar una vida plena. En libros como *Las fronteras de la justicia* (2006) y *Emociones políticas* (2013), articula una ética del cuidado, la justicia y la dignidad, con énfasis en los derechos de las mujeres, las personas con discapacidad y los animales. Su pensamiento combina rigor académico con un fuerte compromiso cívico.

Pindell, Howardena (Filadelfia, Pensilvanila, Estados Unidos, 1943). Es una artista, comisaria y activista afroamericana reconocida por su trabajo pionero en el arte abstracto contemporáneo y por su defensa de los derechos civiles dentro del mundo del arte. Estudió en Boston University (BFA, 1965) y en Yale University (MFA, 1967), siendo una de las primeras mujeres negras en ingresar como comisaria del MoMA de Nueva York, donde trabajó entre 1967 y 1979. La obra artística de Pindell combina materiales no convencionales como papel perforado, polvo de talco o pintura en spray, para crear obras abstractas que, sin embargo, abordan temas profundamente políticos: racismo, exclusión institucional, violencia y feminismo interseccional.

Rancière, Jacques (Argel, Argelia, 1940). Es un filósofo francés reconocido por su trabajo en filosofía política, estética y teoría de la educación. Inicialmente colaborador de Louis Althusser, se distanció del marxismo estructuralista para desarrollar una visión centrada en la igualdad radical como punto de partida político. En obras como *El maestro ignorante* (1987) y *El desacuerdo: política y filosofía* (1995), explora cómo la política surge cuando quienes están excluidos se hacen visibles y reclaman su lugar. Su pensamiento ha influido en debates contemporáneos sobre democracia, participación ciudadana y el papel del arte en la emancipación.

Rawls, John. (Baltimore, Maryland, Estados Unidos, 1921–Lexington, Massachusetts, Estados Unidos, 2002). Fue un filósofo político estadounidense, considerado uno de los más influyentes del siglo XX. Su obra más conocida, *Teoría de la justicia* (1971), introdujo el concepto de "justicia como equidad", proponiendo principios para una sociedad justa basados en la igualdad de oportunidades y la protección de los menos favorecidos. A través de su experimento mental del "velo de la ignorancia", planteó cómo diseñar instituciones justas sin conocer la posición social que uno ocupará. Rawls renovó el pensamiento liberal y marcó profundamente los debates contemporáneos sobre ética, democracia y justicia social.

Rodríguez Morató, Arturo (1957). Catedrático de Sociología y director del Centro para el Estudio de la Cultura, la Política y la Sociedad (CECUPS) de la Universidad de Barcelona. Figura central en la sociología de la cultura en España y América Latina, con una trayectoria de investigación que abarca desde la política cultural urbana, los *clusters* creativos y la paradiplomacia cultural, hasta la sociología de las artes y las profesiones creativas. Entre sus publicaciones más influyentes se encuentran trabajos sobre la escena cultural barcelonesa —como *The cultural clusters of Barcelona* y *Cultural paradiplomacy of Barcelona since the 1980s*—, así como ensayos acerca de la democratización cultural y la nueva sociología de las artes, publicados en libros como *La nueva sociología de las artes* (2017) o capítulos en *Cultural Policy in Ibero-America* (2018).

Sen, Amartya (Santiniketan, India, 1933). Es un economista y filósofo indio, galardonado con el Premio Nobel de Economía en 1998 por sus contribuciones al análisis del bienestar, la pobreza y el desarrollo humano. Su enfoque ha sido clave para desplazar la atención del crecimiento económico hacia las capacidades reales de las personas para vivir vidas dignas. En obras como *Desarrollo y libertad* (1999), propone que el desarrollo debe medirse en términos de libertades y oportunidades. Ha influido profundamente en organismos internacionales como el PNUD y es una figura central en la economía ética y la justicia social.

Schniberg, Moti. Es un emprendedor tecnológico israelí nacido hacia finales de los setenta, pionero en el cruce entre tecnología y arte contemporáneo. A los 30 años vendió su participación en una empresa de reconocimiento de patrones (*ImageID*, fundada en 2002), para fundar el Artist Pension Trust (APT) en 2004, un fondo de pensiones para creadores visuales. El fondo buscaba ofrecer seguridad económica a artistas mediante un modelo de venta escalonada y distribución de beneficios. En 2008, Shniberg cofundó la plataforma online MutualArt.com, orientada a proporcionar datos del mercado artístico —precios de subasta, alertas personalizadas y análisis—. Además, Shniberg es fundador o cofundador de varias empresas tecnológicas como Face.com (tecnología de reconocimiento facial adquirida por Facebook) y CyberMDX (seguridad para dispositivos médicos), y lidera actualmente el *venture builder* especializado en inteligencia artificial Nacre Capital.

Skeggs, Beverley (Middlesbrough, Reino Unido, 1959). Es una socióloga británica reconocida por sus aportes a la sociología del género, la clase social y la cultura. Su obra se centra en cómo las jerarquías sociales se construyen y legitiman simbólicamente, especialmente en contextos cotidianos y mediáticos. En su influyente libro *Formations of Class and Gender: Becoming Respectable* (1997), analiza cómo las mujeres de clase trabajadora adquieren (o son privadas de) valor social en función de normas morales y estéticas. Ha investigado también el papel de la economía afectiva y del capitalismo digital en la reproducción de desigualdades, combinando teoría crítica con compromiso político.

Thompson, E. P. (Oxford, Reino Unido, 1924-1993). Fue un historiador, activista y escritor británico, fundamental en la renovación de la historia social desde una perspectiva marxista. Su obra más influyente, *La formación de la clase obrera en Inglaterra* (1963), transformó la historiografía al poner el foco en las experiencias, luchas y cultura de los trabajadores como sujetos históricos activos. Comprometido políticamente, también fue una figura destacada en el movimiento por el desarme nuclear. Thompson defendió una visión humanista del marxismo y contribuyó a entender la historia como un proceso vivido desde abajo, a través de la conciencia y la acción colectiva.

West, Corinne (Michael) (Chicago, 1908-Worcester, Reino Unido, 1991). Fue una pintora estadounidense. Estudió con Hans Hofmann y adoptó el nombre masculino de Michael para sortear el sexismo del mundo artístico. Su obra evolucionó desde el cubismo hacia una abstracción gestual intensa, cargada de materia y espiritualidad.

Aunque compartió escena con Rothko y de Kooning, fue marginada por ser mujer. En los últimos años, su trabajo ha sido redescubierto y valorado por su aportación temprana al expresionismo abstracto.

Williams, Raymond (Pandy, Reindo Unido, 1921–Saffron Walden, Reino Unido, 1988). Fue un crítico cultural, sociólogo y novelista galés, considerado uno de los fundadores de los estudios culturales británicos. Su trabajo exploró las relaciones entre cultura, política y clase social, y propuso una visión dinámica y materialista de la cultura como un proceso vivido y en disputa. Obras como *Culture and Society, 1750-1950* (1958) y *Keywords: A Vocabulary of Culture and Society* (1976) renovaron el análisis cultural al introducir conceptos como *cultura ordinaria* y *estructuras de sentimiento*. Su enfoque marxista heterodoxo combinó rigor académico con compromiso político, dejando una influencia duradera en las humanidades y las ciencias sociales.

Bibliografía y links
Estamos aquí

Ahmed, Sara. *La política cultural de las emociones.* (Universidad Nacional Autónoma de México, 2015).

Anthony, David. *Love It or Hate It, Refused's* The Shape of Punk to Come *Changed Punk.* (Vice. 18 de diciembre, 2018). vice. com/en/article/refused-the-shape-of-punk-to-come-1998/

Attali, Jacques. *Ruidos: ensayo sobre la economía política de la música.* (México: Siglo XXI Editores, 1995).

Born, Georgina. (Ed.). *Music, Sound and Space: Transformations of Public and Private Experience.* (Cambridge University Press, 2013).

Bourdieu, Pierre. *La distinción: Criterio y bases sociales del gusto.* (Taurus, 1988).

Bourdieu, Pierre. *Las reglas del arte: Génesis y estructura del campo literario.* (Anagrama, 1992).

Brady, Anna. *Strategic or Speculative? Once Again, Art Investment Funds Are on the Rise.* (The Art Newspaper. 23 de junio, 2025). theartnewspaper.com/2025/06/23/strate-gic-or-speculative-once-again-art-investment-funds-are-on-the-rise

Carrington, Damian. *'Self-termination is most likely': The history and future of societal collapse.* (The Guardian. 2 de agosto, 2025). theguardian.com/environment/2025 /aug/02/self-termination-history-and-future-of-societal-collapse

Debord, Guy. *La sociedad del espectáculo.* (Pre-textos, 2000).

Fassin, Didier. *La razón humanitaria: Una historia moral del tiempo presente*. (Prometeo Editorial, 2016).

Fraser, Nancy. *Iustitia Interrupta: Reflexiones críticas desde la condición postsocialista*. (Siglo del Hombre Editores, 1997).

Frith, Simon. *Ritos de interpretación: Sobre el valor de la música popular*. (Paidós, 2014).

Hall, Stuart. *Representation: Cultural Representations and Signifying Practices*. (Sage, 1997).

Hall, Stuart. *Estudios culturales 1983: Una historia teórica*. (Paidós, 2013).

Harvey, David. *Breve historia del neoliberalismo*. (Akal, 2007).

hooks, bell. *Outlaw Culture: Resisting Representations*. (Routledge, 1994).

Kant, Immanuel. *Crítica del juicio*. (Tecnos, 2007).

Klein, Naomi. *No Logo: El poder de las marcas*. (Paidós, 2001).

Marx, Karl. *Prólogo a la Contribución a la crítica de la economía política* (Marxists Internet Archive, 2001).

Marx, Karl & Engels, Friedrich. *La ideología alemana (Antología)*. (Akal, 2021).

McRobbie, Angela. ¡Ten creatividad! (Ediciones Morata, 2022).

Nussbaum, Martha C. *Crear capacidades: Propuesta para el desarrollo humano*. (Paidós, 2012).

Rawls, John. *Teoría de la justicia*. (Fondo de Cultura Económica, 2006).

Schiller, Friedrich. *Cartas sobre la educación estética del hombre*. (Obra original publicada en 1795).

Sen, Amartya. *Desarrollo y libertad*. (Planeta, 2000).

Skeggs, Beverley. *Class, Self, Culture*. (Routledge, 2004).

Svampa, Maristella. *Debates latinoamericanos: Indianismo, desarrollo, dependencia y populismo*. (Edhasa, 2016).

Thompson, Edward P. *The Moral Economy of the English Crowd in Eighteen Century*. (Past & Present, 1971).

Thompson, Edward P. *Costumbres en común*. (Capitán Swing, 2019).

Williams, Raymond. *Cultura y sociedad: 1780-1950*. (Nueva Visión, 2001).

Un espectáculo bochornoso

Butler, Judith. *Frames of War: When Is Life Grievable?* (Verso, 2009).

Cowen, Tyler. *Passive Listeners on Spotify*. (Marginal Revolution. 14 de febrero, 2025). marginalrevolution.com/marginalrevolution/2025/02/passive-listeners-on-spotify

Duarte, Fabio. *Music Streaming Services Stats (2025)*. (Exploding Topics. 24 de abril, 2025). explodingtopics.com/blog/music-streaming-stats

Durkheim, Émile. *La división del trabajo social*. (Akal, 2001).

Durkheim, Émile. *Educación y sociología*. (Akal, 2003).

Elorduy, Pablo y Rodríguez, Javier H. *El fondo proisraelí KKR se hace con los grandes festivales españoles de música*. (El Salto. 13 de mayo. 2025). elsaltodiario.com/economia/fondo-proisraeli-kkr-se-hace-grandes-festivales-espano-les-musica

hooks, bell. *El feminismo es para todo el mundo*. (Traficantes de Sueños, 2017).

Hesmondhalgh, David. *The Cultural Industries*. (SAGE Publications, 2019).

Horton, Adrian. *SXSW Ends US Army Partnership after Backlash from Artists over Palestine*. (The Guardian. 26 de junio. 2024). theguardian.com/us-news/article/2024/jun/26/sxsw-military-weapon-sponsor

Hsu, Hua. *Is There Any Escape from the Spotify Syndrome?* (The New Yorker. 23 de diciembre, 2024). newyorker.com/magazine/2024/12/30/mood-machine-liz-pelly-book-review

Jones, Olivia. *What Is the Value of a Stream in 2025?* (MIDiA Research Blog. 31 de julio, 2025). midiaresearch.com/blog/what-is-the-value-of-a-stream-in-2025

Knight, Lucy. *Hay Festival Drops Main Sponsor after Boycotts over Israel and Fossil Fuel Links*. (The Guardian. 24 de mayo. 2024). theguardian.com/books/article/2024/may/24/hay-festival-drops-main-sponsor-after-boycotts-over-israel-and-fossil-fuel-links

Larson, Jeremy D. *The Woes of Being Addicted to Streaming*. (Pitchfork. 23 de mayo, 2022). pitchfork.com/features/article/the-woes-of-being-addicted-to-streaming-services/

Luck, Geoff. *The Psychology of Streaming: Exploring Music Listeners' Motivations to Favor Access over Ownership*. (International Journal of Music Business Research, vol. 5, no. 2. Octubre, 2016). musicbusinessresearch.wordpress.com/wp-content/uploads/2012/04/volume-5-no-2-october-2016-luck2.pdf

Menger, Pierre-Michel. *The Economics of Creativity: Art and Achievement under Uncertainty*. (Harvard University Press, 2014).

Sapienza, Dylan. *Passive Listening: What Is It? Do You Do It? Should We Be Worried?* (Medium. 3 de octubre, 2018).

dylansapienza.medium.com/passive-listening-what-is-it-do-you-do-it-should-we-be-worried-1aa686bff8d3

Scott, James C. *The Moral Economy of the Peasant: Rebellion and Subsistence in Southeast Asia*. (Yale University Press, 1977).

Thakur, Tushar. *Spotify User Statistics 2025: Insights into Global Streaming Trends*. (SQ Magazine. 22 de julio, 2025). sqmagazine.co.uk/spotify-user-statistics/

Van Dyke, Dave. *The Problem with Background Listening: Why Active Engagement Matters for Artists & Radio Listeners*. (Bridge Ratings Media Research Blog. 9 de marzo, 2025). bridgeratings.com/blog/2025/3/9/the-problem-with-background-listening-why-active-engagement-matters-for-artists-radio-listeners

Algunas formas de resistencia

Born, Georgina. *Music and the Social*. (Cambridge University Press, 2013).

Bourdieu, Pierre. *Language and Symbolic Power*. (Harvard University Press, 1991).

Cruz, Nando. *Macrofestivales: El agujero negro de la música*. (Península, 2023).

Florida, Richard. *The Rise of the Creative Class*. (Basic Books, 2019).

Fraser, Nancy. *Cannibal Capitalism: How Our System Is Devouring Democracy, Care, and the Planet —and What We Can Do About It*. (Verso, 2022).

Gudynas, Eduardo. *Extractivismos: Ecología, economía y política.* (CLAES, 2015).

Harvey, David. *Diecisiete contradicciones y el fin del capitalismo.* (IAEN, 2014).

Harvey, David. *Ciudades rebeldes: del derecho a la ciudad a la revolución urbana.* (Akal, 2012).

Rodríguez Morató, Arturo, (et al). *Policy, Politics and Culture in the Age of Platforms: A Critical Analysis of Cultural Governance in Spain.* (International Journal of Cultural Policy, vol. 27, no. 5, 2021, pp. 643–658).

Small, Christopher. *Musicking: The Meanings of Performing and Listening.* (Wesleyan University Press, 1998).

Yúdice, George. *El recurso de la cultura: usos de la cultura en la era global.* (Gedisa, 2002).

Zallo, Ramón. *Economía de la cultura y políticas culturales en España.* (Fundamentos, 2018).

Algunos discos que escuché mientras trabajaba en *ANTINEUTRAL*

Little Simz, *Lotus* (AWAL Recordings, 2025). 2xLP - Mint/ Mint.

Jeff Parker & ETA IVtet, *The Way Out of Easy* (International Anthem Recording Co., 2024). 2xLP - Mint/ Mint.

Horace Andy, *Rockers & Scorchers* (On-U Sound, 2022). Bandcamp.

Deadly Headley, *35 Years From Alpha* (On-U Sound, 1982). Bandcamp.

Manu Chao, *Radio Bemba Sound System* (Radio Bemba/ Virgin, 2002). CD - Near mint/ Near Mint.

Regulator Watts, *The Aesthetics of No-Drag* (Slowdime/ Dischord Records, 1997). Lp - Mint/ Mint.

The Most Secret Method, *Our Success* (Superbad Records, 2002). CD - Mint/ Near mint.

Abilene, *s/t* (Slowdime Records, 2000). Bandcamp.

Burning Spear, *Social Living* (Island Records, 1980). CD - Mint/ Near mint.

VV.AA., *Serious Times* (XL Recordings, 2006). 2xCD - Near mint/ Very good+.

Miles Davis & Bill Evans, *Complete Studio Recordings · Master Takes* (WaxTime, 2017). 2xLP - Near mint/ Near mint.

Mano Negra, *Casa Babylon* (Virgin, 1994). LP - Near mint/ Near mint.

Karate, *In Place Of Real Insight* (Southern Records, 1997). LP - Mint/ Mint.

Oswego, *s/t* (Arctic Rodeo Recordings, 2016). 2xLP - Mint/ Mint.

Nightmares On Wax, *In A Space Outta Sound* (Warp Records, 2006). 2xLP - Near mint/ Near mint.

Bertrand Belin, *Tambour Vision* (Cinq 7, 2022). YouTube Music.

New York Ska-Jazz Ensemble, *Minor Moods* (Brixton Records, 2002). CD - Very good+/ Very good+.

Dexter Gordon, *Ballads* (Blue Note, 1991). CD - Very good+/ Very good+.

Movietone, *Day And Night* (Domino, 1997). YouTube Music.

Movietone, *The Blossom Filled Streets* (Domino, 2000). YouTube Music.

Talk Talk, *Laughing Stock* (Verve Records, 1991). YouTube Music.

Bill Evans, *Alone* (Verve Records, 1968). CD - Very good+/ Very good+.

The Roots, *From The Ground Up* (Talkin' Loud, 1994). CD EP - Near mint/ Near mint.

The Roots, *Game Theory* (Def Jam Recordings, 2006). CD - Mint/ Mint.

Low, *Long Division* (Vernon Yard, 1995). CD - Near mint/ Near mint.

Kerosene 454, *Come By To Kill Me* (Slowdime/ Dischord, 1996). LP - Mint/ Mint.

Adrian Sherwood, *Survival of Resistance* (On-U Sound, 2012). CD - Near mint/ Near mint.

Fazer, *Mara* (Squama, 2018). LP - Mint/ Near mint.

Fazer, *Plex* (autoeditado, 2022). LP - Mint/ Mint.

Mogwai, *Young Team* (Chemical Underground, 1997). CD - Mint/ Mint.

Lee Konitz/ Brad Mehldau/ Charlie Haden, *Alone Together* (Blue Note, 1997). CD - Near Mint/ Near mint.

Brad Mehldau, *Live at the Village Vanguard (The Art of the Trio, Volume Two)* (Warner, 1998). CD - Mint/ Mint.

Lee Konitz, *Another Shade of Blue* (Blue Note, 1999). CD - Near mint/ Near mint.

Tindersticks, *Claire Denis Film Scores: 1996-2009* (Constellation Records, 2011) Boxset 5xCD - Mint/ Mint.

Ambrose Akinmusire, *Honey From A Winter Stone* (Nonesuch Records, 2025). YouTube Music.

Captagon, *La costa árida* (Suena Fuerte, 2024). CD - Mint/ Mint.

Gracias a las personas que me habéis ayudado siempre, con esto y con todo lo demás.
Gracias a Liburuak por la oportunidad, la confianza y la dedicación, en especial a Maialen Iturregi y a Nerea Mencía.
Este ensayo lo escribí pensando en mis hijas Aurora y Matilda, muchas veces con ellas jugando a mi espalda o durmiendo en la habitación de al lado.
Hamburgo, agosto de 2025.

Befreit Palästina von der deutschen Schuld!

PEPO MÁRQUEZ (Madrid, 1978) es licenciado en Ciencias Políticas por la Universidad Complutense de Madrid, pero su vida profesional y artística ha estado siempre vinculada a la música: en las discográficas Universal Music o PIAS; en la plataforma de *streaming* YouTube Music; en los festivales Rock In Rio, SOS 4.8 o Madrid Music City; en la revista Rolling Stone y fundando los sellos independientes Gran Derby Records, Música Para Pelear y Suena Fuerte.

Como artista, ha publicado más de una docena de discos en diferentes discográficas y ha actuado en más de 500 conciertos dentro y fuera de España con The Secret Society, M A J E S T A D, Buena Esperanza y Grande-Marlaska (antes Garzón). Además, fue uno de los impulsores del sindicato Unión Estatal de Músicos, Intérpretes y Compositoras.

Desde 2022 reside en la ciudad alemana de Hamburgo, donde continúa escribiendo canciones y fanzines, girando y militando en diferentes causas.

ANTINEUTRAL

Música en directo y economía moral
en la era del turbocapitalismo

Colección BURUHAUSTE

© 2025 Pepo Márquez, por el texto.
© 2025 Santiago Sequeiros, por la ilustración de cubierta.
© 2025 LAST TOUR LIBURUAK, S.L., por la presente edición.
Ventosa Bidea 46, 1º (48013 Bilbao). info@liburuak.org

liburuak.org

ISBN 978-84-19234-85-8
Depósito legal BI 01042-2025

Primera edición octubre 2025

Impreso en Bizkaia, Euskal Herria.

Liburuak es un proyecto de Last Tour.

Queda prohibida, salvo excepción prevista en la ley, cualquier forma de reproducción, distribución, comunicación pública y transformación de esta obra sin contar con la autorización de los titulares de propiedad intelectual. La infracción de los derechos mencionados puede ser constitutiva de delito contra la propiedad intelectual (arts. 270 y sigs. del Código Penal). El Centro Español de Derechos Reprográficos (www.cedro.org) vela por el respeto de los citados derechos.

El papel utilizado para la impresión de este libro ha sido fabricado a partir de madera procedente de bosques y plantaciones gestionadas con los más altos estándares ambientales, garantizando una explotación de los recursos sostenible con el medio ambiente y beneficiosa para las personas.

Papel certificado por el Forest Stewardship Council®